KB119288

다시 읽는 OTT 플랫폼

인터넷 텔레비전의 이론적 접근

나남
nanam

방송문화진흥총서 227

다시 읽는 OTT 플랫폼
인터넷 텔레비전의 이론적 접근

2022년 11월 15일 발행
2022년 11월 15일 1쇄

지은이   아만다 D. 로츠
옮긴이   이헌율
발행자   趙相浩
발행처   (주) 나남
주소   10881 경기도 파주시 회동길 193
전화   (031) 955-4601 (代)
FAX   (031) 955-4555
등록   제 1-71호 (1979.5.12)
홈페이지   http://www.nanam.net
전자우편   post@nanam.net

ISBN 978-89-300-4116-4
ISBN 978-89-300-8001-9 (세트)

책값은 뒤표지에 있습니다.

이 책은 MBC재단 방송문화진흥회의 지원을 받아 출간되었습니다.

방송문화진흥총서 227

다시 읽는 OTT 플랫폼

인터넷 텔레비전의 이론적 접근

아만다 D. 로츠 지음 이헌율 옮김

PORTALS

A Treatise on Internet-Distributed Television

옮긴이 머리말

관심 있는 대상이 급격히 변하는 것을 목격하는 일은 공부하는 사람에게 행운이면서 불행이다. 지금 우리가 OTT(Over the Top)라고 부르는 것을 둘러싸고 일어나는 현상을 공부하는 사람들은 모두 그 행운과 불행을 안고 살고 있다. 물론 행운인 이유는 홍수로 물난리가 났을 때 구경하는 그 재미 덕분이고, 불행인 이유는 그 물에 구경하는 나도 떠내려갈 수 있기 때문이다. 흐르는 물을 계속 보다 보면 그 물결에 정신을 잃을 수도 있기 때문이다. 넷플릭스(Netflix)라는 홍수는 기존 방송영상 업계를 뒤흔들어 놓았고, 국가 중심으로 구축되어 있던 영상문화의 벽을 짧은 시간 동안에 위태롭게 만들었다. 흐름에 이끌려 방송계는 비슷한 서비스로 대처하였다면, 세계 국가들은 사회적으로 이런 흐름을 어떻게 이해하여야 할지 고민하고 있다.

학계도 다르지 않아서, 예를 들면 이 OTT라는 것을 텔레비전의 연장으로 봐야 할지 새로운 매체의 등장이라고 봐야 할지를 논쟁의 기반에 두고 있다. 우리 사회에서 OTT라고 통용되는 서비스를 이 책의 원저자 아만다 로츠(Amanda D. Lotz)는 '포털'이라 부르고, 나는 '플랫폼'이라 번역했다는 사실도 이런 혼란상을 잘 보여 준다. 로츠는 다양한 콘텐츠를 모아서 서비스한다는 점에서, 그리고 포털이라는 용어가 미국에서는 잘 사용되지 않아서 오용의 가능성이 없다는 점에서 포털이란 용어를 사용하였다.

나는 전자의 이유에는 동의하지만, 한국에서는 네이버나 다음과 같은 서비스를 포털이라 부르기 때문에 플랫폼이란 용어를 선택하였다. 하지만, 피할 수 없는 것은 한국에서 지배적으로 쓰이고 있는 용어가 OTT라는 사실이다. 약자(略字)라는 것이 의례 그렇듯, 그 분야를 잘 알지 못하면 이해할 수 없다. 그래서 배타적이고, 권력적이며, 상징적이다. 우리나라에 OTT라는 용어가 도입된 것은 2010년경으로 추정된다. 정보통신정책연구원에서 2009년에 미국 시장조사기관인 오범(Ovum)의 설문조사를 바탕으로 낸 보고서, 〈인터넷 동영상(OTT) 시청행태 조사〉에 OTT라는 용어가 처음 등장한다. OTT라는 단어와 함께 온라인 동영상을 같이 쓰면서 미국식 사용법을 그대로 받아들인 것으로 보인다. 동시대의 신문 기사를 보면 "오버더톱(OTT) 방식", "온라인 동영상 서비스(OTT)" 등으로 소개하고 있다. 물론 그 근원은 미국이고, 대부분 학계나 업계가 그 경유지이다. 이전까지 있었던 VOD라는 용어는 점차 사라지고 한국 사회는 인터넷 동영상 서비스를 그냥 OTT로 부르는 상황에 다다랐다.

이런 과정에서 발생한 문제는 기존의 미디어와 이른바 OTT라고 부르는 것과의 관계이다. OTT란 약자가 생소해서, 그리고 그것을 영어로 풀어도 '무엇에 무엇을 얹는' 것인지 불명확하여 설명이 필요하다. VOD 서비스는 기존 케이블이나 IPTV에서 서비스해 왔기 때문에 방송 서비스의 한 영역인 것을 알겠지만, 생경한 OTT는 그런 역사성이 전혀 없는 새로운 것처럼 보인다. 넷플릭스가 광풍처럼 몰아쳐 들어오고 이를 OTT라고 부르니 완전히 새로운 것처럼 보이는, 이와 같은 단절적 이해가 있기 때문이다. 이 단절적 언어 사용이 가지고 온 파생 결과는 부지기수이다. 우선 정부도 오랫동안, 이 새롭다는 서비스를 두고 우왕좌왕했고, 방송업계도 그랬다. 예기치 않은 급격한 변화와 인식의 단절이 혼란을 빚은 셈이다.

미국의 상황은 좀 달랐다. 개인적인 이야기를 하자면, 나는 넷플릭스 초창기, DVD 배달 서비스부터 사용해 왔다. 마침 그때 미국 중부 아이오와의 작은 도시에서 유학하고 있었기 때문이다. 이 작은 도시에서는 영화 VHS(Video Home System) 테이프나 DVD를 빌리려면 차를 타고 얼마간 가야 했다. 그것이 귀찮았고, 게으름을 피우다 조금만 늦으면 눈덩이처럼 붙는 지연 벌칙금

(*late fee*)이 달갑지 않았다. 그런데, 우편으로 배달해 주고, 대여물을 반납하지 않아도 벌금이 없는(물론 더 빌릴 수도 없고, 회원비를 내는 한에서만) 새로운 서비스는 기존 대여 서비스와는 차원이 다른 편리함을 가져다주었다. 넷플릭스의 두 창립자 중 한 명인 마크 랜돌프(Mark Randolph)가 보았던 가능성 중의 하나가 나와 같은 사용자였다. 그 후 스트리밍 서비스를 시작할 때는 넷플릭스 본사와 가까운 곳에서 살고 있었고, 처음에는 버퍼링으로 조금의 불편함은 있었지만, 이제는 우편으로 반납하지 않고도 내가 보고 싶은 것을 언제나 볼 수 있다는 점에서 그런 불편함을 충분히 이길 만했다. 인터넷 불법 사이트들도 많았던 것으로 기억하지만, 편리하고 좋은 콘텐츠와 내 취향을 알아서 맞춰 주는 추천 서비스는 월 회비 값을 충분히 하였다. 미국에서 넷플릭스가 시작한 변화의 물결이 1997년부터, 스트리밍을 시작한 2007년, 그리고 세계로 진출하기 시작한 2017년을 거치면서 서서히 진행되었다. 이렇게 스트리밍 서비스가 안착하는 과정에서 OTT라는 용어는 자연스럽게 정착되었다. 그런 점에서 구글 트렌드로 찾아보면 2004년부터 OTT라는 단어가 꾸준히 쓰였음을 알 수 있다. 서비스와 용어를 도입하는 데 걸린 시간은 이 서비스를 기존 방송의 틀에서 이해하기 쉽게 만든다. 게다가 이 책에서 보듯이 OTT라는 용어를 비판적으로 바꾸려는 노력도 있다.

산업적으로도 미국 미디어 기업은 미디어 플랫폼이 생기고 성장하는 과정을 한국에 비해서 더 오랜 기간 경험했다. 미국 미디어 기업은 넷플릭스가 DVD 대여점으로 처음 시작했을 때 당시 가장 큰 대여점이었던 블록버스터의 대항마로 안일하게 생각했고, 좋은 관계를 유지했다. 나중에 스트리밍 비즈니스를 개시했을 때도 추가 수익원으로 생각, 적극적으로 제휴를 했다. 하지만 넷플릭스의 점유율이 올라가고 세계적인 서비스가 되자, 이 플랫폼 서비스의 가능성을 알아보고 뒤늦게 뛰어들어 경쟁 상황으로 접어든다. 이건 넷플릭스뿐 아니라, NBC와 폭스(Fox), 그리고 나중에 디즈니가 합류한 훌루(Hulu)도 2007년에 광고와 구독을 혼합한 모델로 출시되어 넷플릭스와 경쟁 관계에 들어간다. 이렇게 약 20년여 동안 미국 미디어 기업은 OTT 산업의 가능성을 시험하고 대응법을 마련한다.

물론 한국도 최고 수준의 인터넷 데이터 전송 속도를 기반으로 1999년 설립, 2004년부터 서비스를 개시한 판도라TV가 인터넷 기반의 VOD 서비스를 미국에 앞서 제공하였지만, 유튜브에 가까운 서비스였다. 지상파가 연합한 푹(Pooq)이 2011년에 등장하여 그나마 전문가 제작 콘텐츠 위주의 SVOD(Subscription Video On Demand)를 시작하였다. 통신사 계열의 옥수수(Oksusu)나 올레TV 등이 2000년대 중반에 출시되었지만, 통신사 부가서비스로 역할을 해 이들 역시 두각을 나타내지는 못했다. 기술에는 앞섰지만 새롭게 등장하는 VOD 시장에서는 기존의 서비스 영역에 갇혀 특별한 주목을 받지 못한 상태로 2016년 넷플릭스의 한국 진출을 맞이하게 된 것이다.

이때 넷플릭스는 할리우드 콘텐츠를 주요 무기로 삼고 국내 진출했지만, 그 시작은 미미하였다. 여전히 한국 시장에서는 한국 콘텐츠가 우위를 가지고 있었고 국내 유사 서비스가 사용자들을 잘 관리하고 있었다. 동시에 넷플릭스가 돌풍을 가지고 오게 된 결정적인 계기는 한국 오리지널 콘텐츠를 적극적으로 출시한 2018~2019년이다. 그 이후 코로나19 상황과 〈오징어게임〉 같은 글로벌 블록버스터 콘텐츠는 넷플릭스를 피할 수 없는 대세 서비스로 만들어 버렸다. 정리하면, 한국발 플랫폼 서비스는 2000년대에 들어서면서 다양한 형태로 시도되었지만, 그 존재는 미미하였고, 넷플릭스가 들이닥친 최근 5년여간 한국 미디어 업계와 학계, 정부는 이 새롭게 OTT라 불리는 것을 속성으로 학습해야만 했다.

한국과 미국의 이런 다른 경험치는 이 서비스를 이해하는 방식의 차이를 낳는다. 미국은 OTT 콘텐츠를 방송 시스템 안에서 이해하고 로츠가 보여 주듯, 그 연장으로 이해한다. 한국은 행정부 내 영역 다툼의 소지도 있지만, 단어가 주는 생경함이 OTT를 방송과 다른 무언가로 생각하게 만든다. 방송에서 보던 콘텐츠를 기존에 있던 VOD와 유사한 방식으로 시청하는데도 말이다. 달라진 것이 있다면 해외 콘텐츠를 자유롭게 본다든가, 기술 향상으로 인해 시청환경이 더 시청자 편의적으로 바뀌었다는 것과 같은 파생적인 변화들이다.

최근 경험은 변화를 몰고 오기는 했다. 우선 이 OTT 서비스를 좀 더 객관적으로 보기 시작했다. 방송 학자들이 같은 맥락에서 비슷한 방법을 통해 OTT 관련 연구를 하고 있다. OTT가 마냥 새로운 것처럼 보이지만, 실상은 기존 방송 콘텐츠나 그 문화에서 생산된 콘텐츠가 VOD라는 새로운 전송 체계를 통해서 전달되는 것이기 때문이다. 몰아치던 변화가 지나면 이를 관조할 여유가 생긴다. 나는 이런 맥락에서 OTT라는 용어 대신에 VOD라는 단어를 더 선호한다(하지만, 여전히 이 글에서도 독자의 이해를 돕기 위해 OTT라는 용어를 많이 쓰고 있다). OTT를 방송의 맥락에서 보아야 한다는 논의가 한국뿐 아니라 세계에서 나오고 있다. 예를 들면, '동일 서비스, 동일 규제'와 같은 주장이 방송의 연장선에서 이 서비스를 보려는 노력이다. 격랑에서 학계도, 정부도 조금씩 빠져나오고 있다.

내가 이 책을 번역하기로 한 이유가 여기에 있다. 우연히 아마존 이북(ebook) 더미 사이에서 해당 책을 발견한 것이 수년 전이다. 로츠는 옮긴이 해제에서 볼 수 있듯이 최근 미국 미디어의 변화를 꿰뚫고 있고, 로츠가 쓴 《TV 혁명》(The Television Will Be Revolutionized) 같은 책은 수업교재로도 많이 쓰였다(사실 이 책을 번역할 생각도 있었지만, 이미 선수를 빼앗겼다는 것을 알았다). 그런 데 그중에서도 이 책은 연구자로서 생각할 부분들을 분석적으로 잘 나누었고 연구해야 할 방향을 명확히 연결해 주는 점이 좋았다. 어쩌면 아주 학문적이지도 않고, 대중적이지도 않은 이 책의 자리가 좀 어설퍼 보일 수도 있지만, 동시에 간결하면서 맥락을 잡아 주는 요점이 많았다. 나에게 VOD 서비스를 이해하는 데 이 책이 준 가장 큰 영향을 꼽는다면, 이 서비스를 출판 산업과 긴밀히 연관 지으면서 흐름 중심의 매체와는 차별화시킨 것을 예로 들 수 있다. 또한 순회도서관과 VOD의 유사성을 비교하는 것은 역사성 안에서 미디어를 이해하고 사람들의 미디어 사용을 확인한다는 점에서 의미가 깊었다. 이 책이 미국에서 출간된 시점은 2017년이다. 그때에 비해서 OTT에 대한 연구는 많이 진행이 되었고, 초기에 불확실했던 것은 좀 더 명확한 모습을 보이고 있다. 단순했던 비즈니스 모델도 다양해졌다. 서비스는 분화되고 있으며 시청자 반응도 달라졌다. 이런 변화 가운데에도 이 책의 한국어판 출간이 여전히 의미가 있는 것은 현상과 함께 이런 변화하는 텔레비전을 면밀히 관찰할 시점을 제시하고 있다는 점이다. 예를 들면 VOD 서비스를 기존 미디어 연구와 연관시켜 사고하도록 한 것이 있다. 이런 기본적이면서 새로운 관점은 미디어를 공부하는 학자들과 함께 미디어 종사자, 미디어에 관심 있는 대중에게 좋은 시사점이 될 것이다.

한국에서 VOD 산업은 이제 초반의 혼란을 극복하고 성숙기로 접어드는 것 같다. 방송사 중심의 푹은 통신사인 SK와 결합하여 웨이브를 출범시켰고, 티빙은 원래 CJ ENM과 시작하여서 JTBC를 아우르고, 최근 네이버, KT와 연합하였다. 이 두 서비스가 비슷한 규모의 구독자와 비즈니스 모델을 가지고 2강 구도로 안착하고 있고 중소 서비스인 왓챠가 차별화를 하고 있다. 거기에 아마존 모델을 따른 쿠팡 플레이가 스포츠나 엔터테인먼트 콘텐츠를 중심으로 다른 가치 제안을 한다. 콘텐츠도 독점이 대세인 것 같지만 다양한 제휴로 콘텐츠를 여러 창(windows)에 나누어 서비스하는 형태도 나타나고 있어 앞으로의 발전 방향이 주목된다. 다른 한편에서는 내가 지속해서 참여하고 있는 부분으로 한국 SVOD들의 해외 진출도 한류 콘텐츠의 세계적인 인기와 함께 계속 논의되고 있다. 발표는 났지만, 이 글을 쓰고 있는 현재는 실행되지 않은 티빙의 파라마운트플러스를 통한 미국 진출이 그 예이다. 이처럼, 한국 VOD 서비스가 보일 해외 서비스나 스튜디오와의 연합 전략도 주목할 부분이다.

디지털 기술에 기반한 인터넷 텔레비전은 텔레비전 방송의 시작과 함께 구축되었던 오랜 질서를 무너뜨리고 있다. 유통의 힘보다는 콘텐츠의 힘이 강해지고, 국가 중심의 미디어 환경에서 국가의 힘을 무력하게 만드는 방향으로 나아가고 있다. 이런 환경에서 미디어를 공부한다는 것은, 앞에서 말했듯이, 기쁘면서도 힘에 겨운 일이다. 나는 이 책이 그런 가운데 무언가 지침서가

되기를 바란다. 무엇을 어떻게 보아야 하는가를 간결히 가르쳐
주는 책이었으면 하는 바람이다. 마지막으로 보잘것없는 나를 믿
어 주는 많은 학우와 친우들에게 감사하다는 말을 전하고 싶다.
그리고 이 책이 앞으로 나아갈 연구에 조금이나마 보탬이 되기를
바란다.

2022년 11월 안암동에서

옮긴이 이헌율 씀.

머리말

우리가 글을 쓰는 배경에는 언제나 이유가 있다. 사실, 이 책은 내가 지금 집필중인 《케이블 혁명》(*The Cable Revolution*)[1]이라는 책에서 나온 예상치 못한 부산물이다. 나는 《케이블 혁명》이라는 책을 통해 미디어를 연구하는 학자나 학생을 넘어 더 많은 사람들과 소통하고 싶었다. 따라서 넷플릭스와 같은 플랫폼 서비스가 텔레비전에 미치는 의미를 깊이 있게 고찰하다 보니, 텔레비전이라는 매체에 인터넷을 통한 전송이 가지는 의미는 무엇인지, 또 넷플릭스와 같은 서비스가 산업적인 관점에서 텔레비전과 얼

---

[1] 〔옮긴이 주〕 Amanda D. Lotz (2018), *We Now Disrupt This Broadcast: How Cable Transformed Television and the Internet Revolutionized It All*, MIT Press: Cambridge, MA.

마나 같고 다른지, 그리고 이와 같은 미디어 환경의 변화가 왜 생기게 되는지와 같은 근본적인 질문을 하게 되었다. 나는 현재 인터넷 텔레비전2 서비스 산업에서 빠르게 확장하고 있는 특정 비즈니스 모델을 깊이 있게 탐구하기 위해 경제와 경영 영역으로 논의를 확장했다. 설득력 있는 답을 찾기 위해서는 더 많은 연구가 필요했지만, 그 내용을 《케이블 혁명》이라는 책에 담기에는 적절하지 않았다.

나는 이 연구를, 본질을 파헤치는 한 편의 논문으로 완성해 출판하려 했지만, 논문 한 편으로 하기에는 길이가 넘쳐 두 편으로 만들었다. 하지만, 반복되는 내용이 많아 결국 한 편으로 집약했다. 한 편의 논문으로는 너무 길지만, 책이라고 하기에는 좀 짧아서 나는 이 저술을 '논고'(*treatise*)라고 부르기로 결정했다. 논고라는 단어가 주는 어감이 이 글의 논조나 도발적인 의도와 맞아

---

2 〔옮긴이 주〕인터넷 전송 텔레비전과 인터넷 텔레비전은 아주 미묘한 차이를 보이는 것으로 생각된다. 인터넷 텔레비전이란 단어는 인터넷을 처음부터 그 주요 매체로 정하고 시작된 것으로 Web-TV 등의 다양한 형태를 띤다. Boddy, W. (2004), Interactive Television and Advertising Form in Contemporary US Television, In L. Spigel & J. Olsson (Eds.). *Television after TV*: *Essays on a Medium in Transition*, pp. 113~132, Duke University Press: Durham, NC. 이 책에서 나오는 인터넷 텔레비전은 그 이후에 나타난 플랫폼을 중심으로 쓰이는 것인데, 인터넷이 주요 통로이다. 따라서 번역에서는 전송을 강조하여 '인터넷 텔레비전'이라고 쓴다.

떨어졌다. 이 논고는 어떤 특정 학문 분야에 딱 들어맞지는 않는다. 내 생각에 미디어학 쪽에서는 이 논고가 비즈니스 쪽으로 좀 더 경도되었다고 판단할 것 같고, 경영학 쪽은 글쎄, 알아서 결론을 내릴 것이다.

매 분기마다 달라지는 미디어 지형을 볼 때 우리의 논의는 언제나 불완전하고 부분적일 수밖에 없다. 나는 현 시점의 텔레비전을 보다 큰 틀에서 파악하고자 하는 이론 논의를 시작하려고 한다. 이 책은 내 개인적 관심에서 비롯되었기 때문에 대본 기반 콘텐츠(이하 대본 콘텐츠, *scripted television*)3에 초점을 두고 지적 탐색을 할 것이다. 내가 연구하는 대상인 텔레비전 주변에서도 놀랄 만한 변화와 발전이 일어나고 있고, 그와 같은 현상이 내 관심사인 텔레비전과 비교해서 중요성이 덜하다고 하는 것은 결코 아니다. 예를 들면, 광고 기반 인터넷 텔레비전인 유튜브(YouTube)나 사회관계망 서비스 형태로 운영되는 라이브 영상과 영상 재전송 같은 산업은 중요한 변화를 일으키고 있다. 하지만 이들은 내가 관심을 가지는 대본 콘텐츠와는 특성이 달라 별도의 논의가 필요하다.

메이즈 출판사(Maize Publishing)가 출판한 이 논고는 형식과 출판 형태에 있어서 실험적이다. 이 책을 논고라 부르는 것이 그

---

3 〔옮긴이 주〕보통 드라마나 코미디 등을 일컫는다.

논조나 짧은 길이를 생각하면 적당해 보인다. 메이즈 출판사는 미시간 주립대학 출판부의 일부분으로 이 책과 같은 이도 저도 아닌 저술을 위한 출판사이다. 이 책은 1인 출판 형식과 매우 흡사하지만, 저자에게 가장 지루한 작업을 덜어 준다. 편집위원회가 기획서를 심사하지만, 초고는 보통 학술서나 논문에서 행하는 익명 동료 평가(blind peer review)를 받지 않는다. 그래서 내 스스로 일종의 동료 평가를 하기 위해 주변 학자들에게 의견을 구했고, 마지막 원고를 수정하는 데도 큰 도움을 받았다. 하지만, 이들이 익명 평가에서 할 정도의 비판을 하지 않았을 수도 있다. 따라서 좋든 싫든 원고에 대한 책임은 전적으로 나에게 있다.

내가 이와 같은 일반적이지 않은 저술 및 출판 방식을 택한 이유는 여러 가지가 있다. 우선 나의 현재 시점에서는 이 책에 언급한 것 외에 책 한 권 분량을 만들어낼 만한 내용이 충분하지 않다고 판단했다. 수년 내에 인터넷 텔레비전 업계의 환경이 더 분명해질 수 있지만, 이 책이 현재 시점에서 이와 관련된 논의를 촉진하는 데 도움이 될 수 있다고 생각한다. 둘째, 메이즈 출판사가 원고를 출간하고 배포하는 데 걸리는 시간이 이 책이 주제로 삼은 인터넷 텔레비전 업계에서 일어나고 있는 변화와 그 속도가 비슷하다. 이 논고는 현재진행형 프로젝트이고 당연히 수정 및 추가 작업이 필요할 것이다.

마지막으로 덧붙이자면 나는 실험적인 시도를 좋아한다. 나는 디지털 전송기술이 창작물의 창작과 배포에 미치는 영향에 대해 고민하는 데 많은 시간과 노력을 기울였다. 주로 영상 관련 분야에 대해 고민해 왔지만 이러한 고민의 과정과 결과를 전달하기 위해 선택한 표현 수단은 문자다. 일반인으로서 영상을 만들고 전송하는 것은 내가 할 수 있는 능력 밖의 일이라고 판단했기 때문이다. 하지만, 또 한편으로는 호기심이 많아 디지털 전송으로 인해 중간자(*intermediaries*) 역할이 줄어드는 현상을 직접 경험해 보고 싶었고, 이번과 같이 문자의 형태로 전송하면 독자로부터 어떤 반응을 얻을지도 알고 싶었다.

이 책의 내용은 오랫동안 숙고한 후 완벽하다고 생각했을 때 출판하는 것과는 분명히 다를 것이다. 하지만 이 책이 다루는 업계의 빠른 변화의 속도 때문에 이 책의 출판 형태와 같은 빠른 진행이 더 적절하다고 판단했다. 이 책은 당연히 잠정적인 내용을 담고 있지만 2010년대 초반부터 지난 6년간 인터넷 텔레비전이 대중화되면서 일어난 현상을 깊이 있게 탐구한 결과물이다.

이 자리를 빌려 조시 브라운(Josh Braun)과 데이비드 크레이그(David Craig), 댄 허버트(Dan Herbert), 데이비드 헤스먼달(David Hesmondhalgh), 라몬 로바토(Ramon Lobato), 애스윈 푸나쌈베카(Aswin Punathambekar), 이선 터시(Ethan Tussey)가 초고를 읽고 조언해 준 것에 대해 깊은 고마움을 표한다. 또한 조너선 그레이(Jonathan Gray)를 비롯하여 미국 미시간 주립대학 미디어학 리서치 워크숍(University of Michigan Media Studies Research Workshop)에서 많은 참가자들이 내가 매료된 새로운 미디어 현상에 관심을 기울이고, 나의 논고를 이해하기 위해 노력해준 데에 대해 진심 어린 감사를 표한다. 무엇보다 로빈 민스 콜맨(Robin Means Coleman)에게는 나의 연구가 결실을 맺도록 시간과 생각을 나누어 준 것에 대해 감사드린다. 나는 미국 시카고 노스웨스턴 대학(Northwestern University)에서 열린 '새로운 것의 발명: 창조 산업에서의 개혁 학술회'(Inventing the New: Innovation in Creative Enterprises Conference)와 '세계 미디어 경제 경영 학술회'(the World Media Economics and Management Conference)에서 이 책과 관련된 내용을 발표했고 소중한 피드백과 제안을 받았다. 《케이블 혁명》(*The Cable Revolution*)을 집필하는 동안 나의 연구조교였으며, 이 논고에 필요한 정보를 수집하고 정리해 준 안네마리 나바-길(Annemarie Navar-Gill)에게 큰 도움을 받았음을 밝히는 바이다. 또한 미시간 주립대학 어드밴스 여름 교수 집필 프로그램(the University of Michigan ADVANCE Summer Faculty Writing program) 연구기금과 포 연구 지원금(Pohs Research Award)에서 이 프로젝트를 지원해 준 것에도 감사를 표한다. 이 프로젝트가 세상의 빛을 보도록 해준 메이즈 출판사의 제이슨 콜맨(Jason Coleman)과 앨리슨 피터스(Allison Peters), 표지 이미지를 디자인해 준 롭 깅그리치-존스(Rob

Gingerich-Jones), 경영학 조언을 해준 웨스 허프스터터(Wes Huffstutter), 이 책을 집필하도록 영감을 준 루이스 C. K. (Louis C. K.) 에게도 특별한 감사를 전하는 바이다.

아만다 D. 로츠(Amanda D. Lotz)

차례

옮긴이 머리말   5
머리말   15

서론   25

인터넷 텔레비전은 무엇인가?   36
다른 형태의 인터넷 텔레비전 사례   45
인터넷 텔레비전의 이해   48

1장   **인터넷 텔레비전의 비선형성 특성 연구**   55

비선형 텔레비전 이론적 접근   60
출판 모델의 특성을 가진 비선형 텔레비전?   66
비선형 조성과 선형 편성의 차이   71

2장   **또 하나의 문화 제작 모델, 구독 모델**   91

문화생산에서 구독자 모델   102
구독자 지불 플랫폼의 영향   124
결론   136

3장   **인터넷 텔레비전의 전략:**
       수직 집중과 스튜디오 플랫폼   141

인터넷 텔레비전 이전에 나타난 투자와 경쟁 전략   143
인터넷 텔레비전의 수직 집중   152

결론: 텔레비전 바깥을 보기   171

옮긴이 해제   179

서론

지난 20년간 미국 텔레비전 방송계에 상상하지 못할 변화가 있었
다는 것은 분명한 사실이다. 비록 텔레비전의 종말을 미리 알리
는 애도의 종소리가 '지상파 텔레비전'에 먼저, 그다음으로 '케이
블 텔레비전'에 차례로 울렸지만, 양쪽 모두 살아남았고, 변화했
으며, 나아가 혁신을 이루었다고 할 수 있다.[1] 현재진행형으로
일어나고 있는 산업의 변화를 깊이 있게 이해하는 것은 언제나 쉽
지 않고, 어떤 때에는 이해 불가능하기도 하다. 하지만, 우리가

1 Amanda D. Lotz(2014), *The Television Will Be Revolutionized*, 2nd rev.
   ed., New York: New York University Press, 길경진 역(2012),《TV 혁
   명》, 본북스.

이해하려는 노력을 미룬다면, 변환기에 나타나는 다양한 시사점을 놓칠 수도 있다. 지난 20년간 전송과 스크린 기술에 거대한 변화가 일어나 텔레비전 방송 제작과 시청 환경 전반에 영향을 미쳤고, 미국 텔레비전 산업은 이에 대처해 왔다. 우리가 이런 변화를 이해할 수 있는 수단이 없는 것은 아니지만, 먼저 무엇이 변화했는지를 파악하는 것이 출발점이 되어야 한다.

21세기의 첫 10년간, '뉴미디어'가 도래해 텔레비전과 같은 '올드 미디어'는 멸종될 것이라는 견해가 일반적이었다. 하지만 이 견해가 지나치게 지배적이어서 오히려 실제로 일어나는 변화를 파악하기 힘들게 만들었다. 미디어는 멸종될 수가 없다. 문자나 소리, 사진, 동영상, 그리고 특정 미디어를 규정하는 산업구조와 시청습관, 내용적 특성(*textual attributes*) 간의 복합 관계는 여전히 유지되고 있다.[2] 하지만, 미디어 전송체계는 상당히 규칙적인 주기로 변화하고 있고, 각각의 전달체계는 다른 가용성(可用性, *affordances*)[3]을 갖고 있어 미디어 생산과 소비에 폭넓은 변화를

---

2 〔옮긴이 주〕예를 들면, 상업 방송을 기준으로 보면, 광고주를 위해서 콘텐츠가 만들어지고, 그 콘텐츠는 광고를 삽입할 시점과 시청자의 시청습관을 고려해서 제작된다. 또 시청자는 이런 광고 관련 규칙을 잘 이해하고 시청을 하면서, 언제 콘텐츠가 끝나고 광고가 시작될지 알고 있다. 이런 관계는 인터넷 텔레비전에서 여전히 유효하다. 간단히 말하면, 무료로 콘텐츠를 사용하면(대부분) 광고를 보아야 하며, 구독을 하면 광고를 피할 수 있다는 것을 이미 인지하고 있다.

몰고 올 수 있다. 4 최근 들어 텔레비전과 관련한 '뉴미디어'는 '미디어'가 아니라 플랫폼과 기술, 의미전달(messaging) 체계, 데이터 수집 방식(practices) 등으로 다양하게 이해되기 시작했다. 이들 중 다수의 전송기술과 플랫폼은 대체로 개인 간 커뮤니케이션을 공유하기 위해 사용되었고, 이런 공유 경향은 레거시(legacy) 미디어 콘텐츠 산업의 핵심인 소유를 중심으로 한 지적재산 개념과 대치된다. 뉴미디어가 텔레비전에 미친 혁신적인 영향은 텔레비전을 대체하는 것이 아니다. 레거시 미디어 업계가 진화해 인터넷 텔레비전(internet-distributed television, 이하 인터넷 텔레비전)을 비롯해 복수의 새로운 미디어 서비스를 탄생시키는 등 전송방법에 혁신적인 영향을 미쳤다는 것이 그 핵심이다.

2000년 이전에 태어난 사람들은 편성표의 핵심 요소인 시간표 구조에 기반한 미국의 텔레비전 경험에 익숙해져 있었다. 2000

3　〔옮긴이 주〕어떤 사물은 본질이나 특성으로 가능한 사용 형태를 결정한다. 의자에 앉거나 서는 것은 그 의자의 가용성에서 비롯된다. 음성 매체인 라디오는 눈을 자유롭게 사용할 수 있게 하지만, 영상매체는 적어도 가끔씩은 영상을 보아야만 한다. 이에 따라 사람들이 두 매체를 사용할 수 있는 가능성은 제한된다. 실시간 방송의 경우 시청자는 정해진 시간에 수상기 앞에 있어야 하지만, SVOD(Subscription based Video On-Demand) 서비스는 그 기술적 가능성의 차이로 시청자의 시청행위가 시간에 얽매이지 않는다.

4　Henry Jenkins(2005), *Convergence Culture: Where Old and New Media Collide*, 3, New York: New York University Press.

년대 초에 새로 개발된 기술과 전송방법이 많아서 텔레비전 사용 형태에 변화가 일어난 이유는 인터넷을 통한 공급만은 아니다. 1990년대 말부터 디지털 비디오 녹화기(Digital Video Recorders, DVRs) 5가 등장하면서 시청자가 프로그램을 녹화하고 스스로 정한 시간에 시청하는 것이 가능해졌다. 2000년대 초반에는 케이블 텔레비전 업계도 주문형 비디오(Video On-Demand, VOD) 서비스를 시작했다. 시청자는 이 두 가지 기술을 바탕으로 시청물을 개인결정(*self-schedule*) 6하고 시청시간을 개인결정(*time shift*) 7하는 것이 가능해졌지만, 이런 기술을 수용하는 데는 시간이 걸렸다. 물론, 이전에도 VCR 기기나 비디오 대여와 같은 디지털 이전 시대의 기술을 통해 이와 같은 결정권이 이미 도입되었다는 사실도 기억할 필요가 있다. DVR이나 VOD 서비스가 인터넷 텔

---

5 〔옮긴이 주〕 케이블 셋톱박스 등에 바로 연결되어 텔레비전 프로그램을 녹화, 재생할 수 있게 했던 기기이다. 한국에서는 그리 유행하지 못했지만, 미국에서는 TiVo나 ReplayTV와 같은 기기가 1999년 소개, 2000년대에 선풍적인 인기를 끌었다. 이로 인해 녹화 후 광고를 건너뛸 수도 있고, 녹화에 대한 저작권 등의 문제가 있어 기존 방송 산업에 상당한 변화를 몰고 왔다.
6 〔옮긴이 주〕 방송사가 편성한 것을 시청하던 것과는 달리 VOD 서비스에서는 시청자가 원하는 콘텐츠를 스스로 골라서 보는 것을 일컫는다. 이로 인해 방송사 편성권의 중요성은 감소한다.
7 〔옮긴이 주〕 선형 편성에 맞추어 시청하던 전통적인 형태의 텔레비전 시청에 반해, 방송을 녹화하거나 VOD 서비스를 통해 시청자가 원하는 시간에 시청하는 행동을 일컫는다.

레비전과 연관된 선례가 되기는 하지만, 이들 기기의 사용은 일부에 국한되어 있었기 때문에 지배적인 산업 방식을 붕괴시키기에는 역부족이었다. 기본적으로 방송 전파는 한 번에 하나의 메시지를 전할 수밖에 없었고, 케이블 텔레비전은 기술적인 발전에도 불구하고 방송 산업의 지배적인 틀을 따르고 있었기 때문에 편성표는 여전히 필수적이었고 중요했다. 그러나 인터넷 텔레비전은 그런 한계가 없다.[8] 인터넷 전송으로 인해 편성표가 필요 없어져 개인화된 콘텐츠 수급이 가능해졌다. 이러한 현상을 이 책에서는 '비선형성'(nonlinear)이라고 부르겠다.

앞에 언급한 기술적 기능, 즉 가용성(affordance)과 함께, 인터넷 전송의 기술체계 차이에서 비롯된 여러 요인으로 인해 다수의 수용자에게 하나의 프로그램을 전송하는 방송사를 중심으로 이루어졌던 기존의 텔레비전 법칙은 종말을 고했다. 하지만, 이런 기능적 차이만 가지고 인터넷 전송을 위해 제작된 영상 콘텐츠가 텔레비전이라는 미디어와 다르다고 평가할 수는 없다. 많은 경우 이런 영상물은 여전히 지상파나 케이블 텔레비전과 비슷한 산업

---

8 '디지털 미디어'의 근본적인 구조는 그 미디어를 통해 보내진 개개의 메시지에 의해 "수정되거나 변화, 중단"될 수도 있는 가능성이라고 피네만은 설명한다. Niels Ole Finneman(2006), "Public Space and the Coevolution of Digital and Digitized Media", *MedieKultur: Journal of Media and Communication Research*, Vol. 22, no. 40.

법칙을 따르면서 생산되고 있다. 어떤 '매체'를 다른 매체와 구별하려면, 기술적 기능뿐 아니라 내용적(textual) 특성과 산업 방식, 수용자 행동, 문화적 이해 등의 요소를 복합적으로 살펴봐야 한다. 이런 요소들을 합산해 보면, 인터넷으로 전송되는 영상물 중 다수는 '텔레비전' 미디어 특징을 가진 것으로 보인다.

이와 같은 관점은 문화연구에서 비롯되어 최근 미디어학(media studies)이라는 학문으로 발전한 연구 분야에서 접근하는 미디어 특성에 근거해 텔레비전을 정의하는 방식에 기반을 둔다. 가장 최근에 일어난 변화 중에서 텔레비전의 불명확한 정체성을 린 스피겔(Lynn Spigel)은 가장 먼저 이해하려고 노력했다. 스피겔은 텔레비전을 규정하면서 '기술과 산업구조, 정부정책, 시청습관' 등의 특성에 주목했다.[9] 레이몬드 윌리엄스(Raymond Williams)와 로저 실버스톤(Roger Silverstone), 존 코너(John Corner)와 같은 이전의 텔레비전 학자들이 텔레비전에 대해 거시적으로 접근했던 것을 스피겔이 명확히 정리한 것이다.[10] 단지 특정한 기술

9 Lynn Spigel(2004), "Introduction", Spigel, L & Olsson, J. ed., *Television after TV: Essays on a Medium in Transition*, Durham: Duke University Press, Vol. 2.

10 Raymond Williams(1977), *Marxism and Literature*, Glasgow: Oxford University Press; Roger Silverstone(1994), *Television and Everyday Life*, London: Routledge; John Corner(1999), *Critical Ideas in Television Studies*, Oxford: Oxford University Press.

형식(텔레비전 수상기, 스크린)이나 시청형태(선형 편성, 주문형) 뿐만 아니라 앞에 나열한 특성 전부가 '텔레비전'을 텔레비전으로 규정한다는 이들의 인식은 '포스트 네트워크'나 '신 네트워크' (neo-network) 시대에 일어난 엄청난 변화나 '제3의 TV'(TV III) 로 파악되는 특성에도 불구하고 이전의 텔레비전과 새로운 텔레비전 사이에서 지속적으로 유지되는 일관성을 찾아내려는 의미 있는 노력이다. 11

　인터넷 전송을 포함해 텔레비전을 정의하는 데 필수적으로 이바지한 또 다른 인물은 헨리 젠킨스(Henry Jenkins)다. 12 젠킨스는 리사 기텔만(Lisa Gitelman)을 인용하면서 미디어는 두 가지 차원으로 정의된다고 강조한다. 첫 번째 차원은 소통을 가능케 하는 기술이고, 두 번째 차원은 일련의 문화적 활용이다. 기텔만은 후자를 '규약'(protocols)이라고 규정한다. 규약으로서의 문화적 방식은 텔레비전 프로그램 제작에서 보편화된 산업적 방식이나 시청자의 시청습관처럼 특정 기술을 중심으로 발전한다. 13

11　Henry Jenkins(2006), *Convergence Culture*, pp. 13~14; Lisa Gitelman (2008), *Always Already New: Media, History and the Data of Culture*, Cambridge: MIT Press.
12　Jenkins, *Convergence Culture*.
13　Henry Jenkins(2006), *Convergence Culture*, pp. 13~14; Lisa Gitelman (2008), *Always Already New: Media, History and the Data of Culture*, Cambridge: MIT Press.

중요하게 짚고 넘어갈 것은 내가 이 책에서 전송기술(*distribution technologies*)이라고 부르는 **전달체계**를 젠킨스는 **미디어**로부터 구분했다는 것이다. 내 생각에 텔레비전은 하나의 미디어이고, 방송 전파와 케이블 전선, 인터넷 프로토콜은 모두 전달체계나 전송기술이다. 이런 접근에 있어 나와 젠킨스의 견해는 다른데, 그 이유는 젠킨스는 문자(*written words*)나 영상 이미지(*visual images*), 동영상(*audiovisual*) 메시지와 같이 사람 사이에서 일어나는 소통 형태만으로 미디어의 정의를 제한했기 때문이다. 따라서 그는 텔레비전은 미디어 범주에 넣지 않았다. 젠킨스와 스피겔로 대변되는 문화연구 전통을 접목하여 다양한 산업구조와 시청관행을 중심으로 판단하면, 서로 다른 동영상 메시지 체계 간에 구별이 가능해진다. 예를 들어 영화나 텔레비전은 둘 다 동영상 메시지를 전달하는 시스템이지만, 다른 산업구조와 정부정책, 시청관행을 갖고 있으므로 이들은 다른 미디어라 규정할 수 있다.

　거의 모든 텔레비전 '규약들'(*protocols*), 다시 말해 기텔만의 정의에 기반하면 '기술사용과 연관된 매우 다양한 사회적, 경제적, 물질적 관계' 등과 같은 규약들은 텔레비전 방송 역사 초기부터 생성되어 온 전송기술과 그 기술의 가용성과 제한점에 밀접한 연관 관계를 맺고 있다.14 겨우 방송신호(*signal*) 하나만 보낼 수 있었던 방송기술의 제한으로 인해, 제작된 콘텐츠를 나열하여 선형 편성표를 만들어야 하는 규약이 생겨났다. 또한 편성이 필수적이 되면서 시청행위를 조종할 통제 수단으로서 네트워크와 채널 같은 기재가 필요해졌다. 이런 점에서 오랫동안 텔레비전이라는 미디어에 내재한 기본 요소라고 생각해 왔던 많은 시청 규범과 산업 행위를 다시 생각해 보면 전송기술로서의 지상파 방송과 케이블에만 특정된 규약이었다.

이처럼 새로운 전송체계의 중심적인 차이점은 기업이 조성(造成)한[15] 라이브러리[16] (*curated library*)에서 각 개인에게 선택적 콘텐츠를 전달하는 인터넷 프로토콜 기술로부터 비롯되는 가용성에 있다.[17] 인터넷 텔레비전의 기술적인 가용성과 이로 인해 생겨

---

14 Gitelman, *Always Already New*.

15 〔옮긴이 주〕 curate라는 말의 어원을 보면 교회 보좌신부와 같은 수혜자의 정신적인 영도, 관리라는 뜻이 있고, 이것이 현대에 와서는 박물관, 미술관 등에서 조성물의 관리라는 뜻으로 많이 쓰인다. 우리는 curator를 박물관 관리자, 학예사 등으로 번역해 이런 맥락에서 쓴다. 이 글에서는 '의도'와 '관리'라는 뜻에 중점을 두어 curate를 '조성'(造成)이라고 번역한다.

16 〔옮긴이 주〕 이 단어의 번역에 고심이 많았다. Library는 한국어로 보통 도서관 등 책과 관련되어 쓰여서 마땅한 번역이 없었다. '소장고'(所藏庫)라는 말이 가장 가까울 것으로 생각하였지만, 라이브러리가 가지는 뜻을 잘 전달하지는 못하는 것 같다. 따라서 비록 외국어이지만, 이 책에서는 라이브러리라고 사용하겠다.

17 이 부분에서 '케이블'은 기술보다는 문화적으로 정의되었다. 디지털 케이블 기술이 지상파나 아날로그 케이블 기술보다 더 넓은 가용성을 가진 것은 당연하다. 하지만, 심지어 2017년까지도 '케이블'은 대개 1 대 다수의 서비스로 머물

난 여러 규약으로 인해 이전의 텔레비전 전송 체제에 맞춰 개발되었던 통례(norms)와는 크게 다른 업계 운영과 시청자 경험이 나타났고, 이러한 현상은 비선형적 특성을 초월해 확장되고 있다. 그 예로 이 논고의 마지막 두 장(章)은 구독료 기반 전략과 수용자에게 직접 콘텐츠를 전송하면서 강화된 제작자의 역할을 다룬다. 인터넷 전송으로 가능해진 구독 기반 서비스와 콘텐츠 직접 전송은 업계 통례와 수용자 경험을 상당 부분 변화시키고 있기 때문이다.

인터넷 텔레비전을 이해하기에 적합한 이론 개발을 시도하기 위해서는 다음과 같은 노력이 필요하다. 먼저 새로운 규약을 발견하고, 다른 형태의 전송에서 발견되는 규약과의 유사점과 차이점을 밝혀야 한다. 또한 이러한 규약이 창작과정과 콘텐츠, 수용자에 미치는 영향을 분석해야 한다. 이 책은 인터넷 텔레비전을 이론화하는 작업을 시도하기 위해 우선 인터넷 텔레비전이 가진 특징을 밝힌다. 이어서 새롭게 등장하는 관련 행태와 법칙들을 찾아내면서, 이런 특수성을 다루는 이론을 만들려고 시도할 것이다. 이 책은 미국 산업계를 배경으로 2010년에서 2017년까지 미국에서 일어난 인터넷 텔레비전 사례에 집중한다. 분명히 미국 외의 국가에서 일어나는 일과 연관성이 있을 것이고, 전례 없이

러 있었다.

전 지구에 걸쳐 영향력을 확장하고 있는 전송기술을 이해하기 위해서는 신중한 분석이 필요하다. 하지만 이 책은 간략한 사전 단계 분석이어서 미국 외의 국가 사례는 다루지 않겠다.

인터넷 텔레비전의 차별적 가용성으로 인해 비선형성과 수용자 특성(*specificity*)과 관련된 규약들이 생겨났고, 이전 텔레비전 전송 구조에서는 볼 수 없었던 전송 전략이 등장했다. 사회학자 존 B. 톰슨(John B. Thompson)은 서적 출판계 환경을 연구하면서 '법칙'(*logics*)이란 '각 개인과 (미디어 산업을 구성하는) 단체가 그 구역에 참여할 수 있는 조건을 결정하는 일군의 요인들'이거나 좀 더 상투적으로 '그들이 게임에 참여할 수 있는 조건들'이라고 설명했다. 18 인터넷 텔레비전이 가진 특징인 비선형적 사용 가능성으로 인해 비슷한 산업구조, 대체로 유사한 시청관습에도 불구하고 지상파와 케이블 텔레비전이 가졌던 법칙과는 다른 법칙들이 인터넷 텔레비전에 나타날 수 있다. 따라서 인터넷 텔레비전을 둘러싸고 얽히고설킨 지속성과 변화를 잘 정리하는 것이 21세기 텔레비전을 면밀하게 이해하기 위한 핵심이다.

---

18 John B. Thompson (2012), *Merchants of Culture: The Publishing Business in the Twenty-first Century*, 2nd ed., p. 11, New York: Plume.

인터넷 텔레비전은 무엇인가?

엄밀히 말하면, 나는 인터넷 프로토콜, 즉 메시지를 데이터 패킷 (*packet*)으로 분리한 후 재결합하는 신호 전송방식을 사용하는 텔레비전에 초점을 맞추고 있다. 비디오를 인터넷으로 전송하는 기술이 처음 나타났을 때는 컴퓨터로만 시청하는 영상물만 '인터넷 텔레비전'이라고 간주하는 경향이 있었다. 이런 경향은 인터넷 텔레비전의 특징을 흐리게 할 수 있다. 어떤 기기로 시청하는가 하는 문제는 여기에서 논의하는 것과 상관이 없다. 요즘에는 컴퓨터뿐 아니라 거실의 텔레비전 기기나 모바일 기기에서도 인터넷 프로토콜 전달기술을 이용해 텔레비전이 일상적으로 전송된다. 비록 주요한 유사성도 변함없이 계속되고 있지만, 인터넷 전송기술이 가진 가용성으로 인해 지상파와 케이블을 통해 전송했을 때는 볼 수 없었던 전략과 관행이 가능하게 되었으므로, 업계 관행과 수용자 관행에 대한 재개념화가 필요하다.

최근에 일어난 현상이지만, 인터넷 텔레비전은 많은 이름을 가지고 있다. 명확히 말하면, 내가 이 책에서 인터넷 텔레비전이라 할 때는, 넷플릭스나 훌루(Hulu), 아마존 비디오(Amazon Video), HBO 나우(HBO Now)[19] 등과 함께 다양한 인터넷 서비스를 통해

---

19 〔옮긴이 주〕HBO 나우(HBO Now)는 2020년 5월에 HBO 맥스(HBO

시청하는 동영상 서비스를 의미한다. 20 이들 서비스가 전송하는 영상물 모두가 텔레비전인 것은 아니다. 이들 중 장편 영화를 제공하는 서비스도 있는데, 이런 경우 영화는 영화 산업구조나 관행을 따르고 있으므로 '텔레비전'이 아닌 '영화'가 될 수 있다. 아니면 인터넷을 통해 전송되기 때문에 또 다른 미디어가 될 수도 있다. 케이블 서비스가 제공하는 주문형 비디오(VOD)는 범주를 정하기는 힘들다. 케이블 VOD는 인터넷 프로토콜 기술에 기반하고 있지만, 동시에 케이블 업계의 특정한 관행과 관례에 의해서 규정되고 있기 때문이다. 앞으로 논의할 내용 중에는 VOD 서비스에 적용할 수 있는 것도 있겠지만, 이 책을 쓰고 있는 2017년 시점에서 보면 인터넷 텔레비전과는 대체로 다를 것이다. 그 이유는 케이블 채널의 선형 공급에 기반해서 만들어진 조정의 결과로 만들어진 관행에 의해 케이블 VOD 서비스가 제공되고 있기 때문이다. 21

MAX)로 서비스명을 바꾸었다.

20 훌루나 넷플릭스, 유튜브, 그리고 주문형 MVPD 서비스의 자세한 설명은 다음을 참고. Mike Van Esler(2016), "Not Yet the Post-TV Era: Network and MVPD Adaptations to Emergent Distribution Technologies", *Media and Communication*, Vol. 4, no. 3: 131~141.

21 여기에서 가장 혼란스러운 것이 '케이블' 전송에 있는 것은 당연하다. 자세히 설명한다면, DOCSIS(Data Over Cable Service Interface Specification, 케이블 서비스 기준 인터페이스 데이터 전송) 표준으로 전환함으로써 미국 케이

인터넷 텔레비전을 처음에는 '웹 TV'(Web TV)라고 불렀다. 이 용어는 2004년과 2008년 사이에 실험적으로 등장했던 인터넷 전송 콘텐츠를 일컫는 명칭이었는데, 전문적으로 제작되는 롱 폼 (*fulllength*) 콘텐츠는 별로 없었으므로, 대체로 유튜브의 전조가 되었다고 보면 된다. 특기할 만한 것은 웹 TV가 이미 1995년부터 조금씩 모습을 드러내기 시작했는데, 이때는 대부분의 일반 가정에 인터넷이 도입되기 훨씬 전이었다. 이와 함께 웹 TV는 1996년에서 2013년까지 텔레비전 모니터를 통해 인터넷 서비스를 사용할 수 있게 하는 서비스의 상표이기도 했다.22 이 시기 (2004~2008년)에 인터넷 텔레비전과 관련한 거의 모든 상업적 시도는 실패했다. 어떤 종류의 서비스에도 인터넷 전송 콘텐츠를 즐길 만한 사용자가 존재하지 않았고, 동시에 어떤 서비스도 볼

블 사업자는 비선형 전송을 할 수 있게 되었다. 비록 이 기술이 가진 가용성이 존재하고 '주문형'에 쓰이기는 했지만, 2017년 현재 '케이블'은 콘텐츠의 선형 전송과 관련 관행이 더 주요한 요소이다. 케이블 방송사 컴캐스트(Comcast)가 자사 소유 콘텐츠를 공개한 것을 제외하면, 케이블 서비스는 주문형 비디오 라이브러리를 조성(*curate*)하고 있지 않다. 다가올 미래에 케이블 텔레비전이 지금까지와는 다른 업계 관행과 관련 규약들을 받아들여 케이블과 인터넷 텔레비전 간의 차이가 미미해질 수도 있다.
〔옮긴이 주〕글쓴이가 예측했듯이 미국의 주요한 케이블 회사들은 2022년 현재 다양한 형태로 VOD 사업에 진출하고 있다.

22 웹 TV는 고객들이 텔레비전을 통해 웹을 사용할 수 있게 하는 제품과 서비스를 제공했다. 마이크로소프트가 1997년에 인수하였다가 2013년에 폐업하였다.

만한 가치가 있는 콘텐츠나 콘텐츠 경험을 제공하지 못했기 때문이다. 23

　텔레비전 업계에서 인터넷 텔레비전을 부르는 또 다른 이름이 있었다. 2005년에 처음 쓰였지만, 2010년 전까지는 별로 쓰이지 않았던 용어인 'over the top'의 약자, OTT가 바로 그것이다. 어원으로 보자면 전통적인 케이블 비디오 서비스와는 다르게 케이블이나 통신 서비스 제공자가 설비를 갖추고 운영하는 네트워크를 통해 전달되는, 또는 '네트워크에 얹어'(went 'over') 전달하는 커뮤니케이션 형태를 특정하기 위해 OTT라는 말이 생겨났다. 24 특히 넷플릭스나 훌루와 같은 영상 제공 서비스를 위해 케이블 구독 해지(cord cutting)를 선택하는 수용자를 이해하는 데 OTT라는 용어가 일반적으로 사용되었다. 인터넷 전송과 같은 의미를 갖지만, OTT라는 전문용어를 쓰면서 배급기술이 단순하게 확장된 것이라는 사실을 파악하기는 힘들게 만들었다. 25

23　셔먼, 워터맨 그리고 전은 2014년 현재 주요 사업자는 2005년 전에는 존재하지도 않았다는 사실을 상기시킨다. Ryland Sherman, David Waterman, & Yongwoog Jeon(2014. 5. 29. ～ 30.), "The Future of Online Video: An Economic Perspective", Paper Presented at the Future of Broadband Regulation Workshop, Federal Communication Commission, Washington DC.

24　Diane Mermigas(2005. 10. 11. /17.), "IP Promises Video-to-go as Next Big Media Wave", *Hollywood Reporter*, 8, 76.

업계에서 SVOD(Subscription Video On Demand, 구독기반 VOD)라는 또 다른 약자도 널리 쓰인다. 이는 AVOD(Advertising -supported Video On Demand, 광고기반 VOD)와 TVOD(편당 지불 VOD), 페이퍼뷰(Pay Per View)라고 일반적으로 쓰이는 직불형 VOD(Transaction Video On Demand)에 대치되는 개념이다. SVOD는 넷플릭스와 같이 구독료 수익 모델을 가지고 있는 유사 인터넷 전송 서비스와 함께 다른 수익 모델과 차별성을 보인다. 이와 같은 SVOD 서비스는 기존과는 다른 전송기술에 의존하고 있을 뿐 아니라, 미국 방송 산업을 오랫동안 지배했던 광고 수익 모델과도 차이를 보인다. SVOD나 AVOD란 두 가지 약자는 넷플릭스와 같은 인터넷 전송 서비스와 주문형 비디오 서비스(Video On Demand) 간의 차이를 선명하게 나타내지는 않는다. 주문형 비디오 서비스의 경우 케이블 텔레비전 방송의 일부분으로 제공되어 2013년까지 널리 사용되었는데, 인터넷 텔레비전과는 다른 산업관행을 갖고 있다. 시청자 역시 비선형 시청을 지칭하면서 '주문형'(on-demand)과 '스트리밍'이라는 용어를 일상적으로 사용하지만, 이런 자신의 사용 행태를 가능하게 만든 기술과

25 Amanda D. Lotz(2016. 3. 8.), "How OTT Hides Television's Revolution", *Broadcasting & Cable*, URL: http://www.broadcastingcable.com/blog/bc -beat/guest-blog-how-ott-hides-television-s-revolution/154442.

사업 형태를 차별화하는 업계 관행에 대해서는 깊게 생각하지 않을 때가 많았다.

웹 TV라는 용어를 OTT나 SVOD처럼 이해하기 어려운 약자로 바꿔 부르기 시작했다는 사실은 당시 막 새롭게 등장한 뉴미디어와 기존 텔레비전의 관계를 이해하려는 초기 사고를 보여 준다. 또한 인터넷 텔레비전의 개념이 아직도 면밀하지 않은 이유도 설명한다. 위의 모든 용어는 새로운 기능을 가진 전송체계가 개발되기는 했지만, 텔레비전의 주요 속성이 지속·유지되고 있다는 사실은 간과한다. 처음부터 인터넷이 '뉴미디어'의 한 형태라고 믿고 기술 대체론의 틀에서 논의하면서 변화의 실체를 놓친 것이다. 그 실체란 바로 인터넷 기술을 통해 영상을 전송하는 모델이 가장 이상적으로 적용된 사례가 바로 전통적인 텔레비전 콘텐츠를 기존의 선형 편성 전송방식을 벗어나 인터넷을 통해 전송하는 것이라는 사실이다.

여기에서 논의하는 정의와 특징에 기반하여 인터넷 텔레비전에 대한 이해를 높이기 위해서는 지상파와 케이블을 통해 전송되는 텔레비전과 인터넷을 통한 텔레비전이 가진 공통점과 차이점을 이해하는 것이 필수적이다. 초기 기술이 그랬듯이 인터넷 전송을 하기 위해서는 프로그램을 편성·전송하는 주체가 필요하다. 인터넷 전송망을 통해 텔레비전 프로그램을 모으고, 조성(*curate*) 하여 전송하는 주요한 중간 서비스에 이 책에서는 '플랫

폼'(*portal*) **26**이라는 특정 명칭을 사용하겠다. 넷플릭스나 시소
(SeeSo), **27** CBS 올 엑세스(CBS All Access), 그리고 HBO 나우
(HBO Now)와 같은 플랫폼은 인터넷이라는 전송 수단에 존재하
는 일종의 채널이다. **28**

---

26 〔옮긴이 주〕저자는 이런 서비스를 '포털'이라고 칭한 이유로 미국 내에서 사용
빈도가 떨어지고 있고, OTT 서비스를 잘 설명하는 용어이기 때문이라고 각주
에서 설명하였다. 하지만 번역본에서는 '포털'이라는 용어 대신에 '플랫폼'이란
용어를 쓰려고 한다. 미국과 달리 한국에서는 '포털'이라는 용어가 네이버나
카카오 같은 콘텐츠 종합 서비스에 많이 쓰이기 때문이다. 오히려 플랫폼은 다
수의 생산자와 수용자를 연결하는 연결점이라는 점에서 로츠가 인정하듯이 적
절한 표현이라고 생각했다.

27 〔옮긴이 주〕시소는 미국의 케이블 SO인 컴캐스트가 2016년에서 2017년까지
운영한 코미디 전문 SVOD 서비스이다. NBC와 계열사 코미디 콘텐츠나 오리
지널 시리즈, 스페셜을 주로 전송하였다.

28 나는 2016년에 쓴 글에서 다음과 같이 주장했다. "다른 사람들은 이들을 플랫
폼이나 앱이라고 명명했다. 이 모든 명칭은 넓고 다양한 사용방법을 다루고 있
다. 포털이라는 말은 처음에는 컴퓨터와 관련하여 인터넷 서비스를 제공하는
웹사이트나 서비스를 칭하는 데 쓰였다. 그다음에는 예를 들어 옥스퍼드 영어
사전에서 인터넷 미디어 회사 AOL을 인터넷 포털이라고 부르는 것처럼, 다양
한 콘텐츠에 접근을 가능하게 하는 웹사이트나 서비스를 일컬었다. 포털이란
용어는 사용빈도가 떨어지고 있어서 비디오 콘텐츠에 접근하는 관문이라는 의
미로 쓰이는 것이 가능해졌다. 컴퓨터 시스템〔Ian Bogost & Nick Montfort
(2009), "Platform Studies: Frequently Asked Questions", Digital Arts and
Culture, http://nickm. com/if/bogost_montfort_dac_2009. pdf〕이나 일군
의 인터페이스나 도구들(*Facebook platform*)이란 의미로 플랫폼이란 용어는 여
전히 널리 쓰이고 있다. 반면, 앱(*apps*)이란 용어는 일련의 프로그램이나 소
프트웨어를 칭하는 데 지나치게 많이 쓰이고 있다. 동시에 플랫폼이나 앱은 특

비록 콘텐츠를 선별하는 것이 채널이나 플랫폼의 공통된 주 역할이기는 하지만, 채널과 플랫폼의 구별점은 편성이 불필요한 비선형 접근성에 있다. 플랫폼의 주 역할은 조성에 있다고 보는 것이 더 맞는 말이다. 플랫폼은 정체성과 비전, 전략을 바탕으로 비즈니스 모델을 만들어 이를 기초로 콘텐츠 라이브러리를 조성한다. 플랫폼들이 서로 다른 다양한 조성 전략을 갖고 있음을 분명하게 파악할 수 있다. 플랫폼의 전략은 다양하지만, 각 플랫폼의 전략은 개개의 수익 모델과 주요 시장, 플랫폼이 가진 지적재산 등에 기반을 두고 있다. 아직은 명확히 이론화되지 않았지만, 조성은 편성과는 상당히 다르다. 방송 편성 전략이 가진 풍부한 통찰력과 비슷한 정도로 깊이 있는 전략이 지금부터는 플랫폼의 상업적인 라이브러리 조성에도 필요하다고 본다.

플랫폼과 채널 간의 중요한 차이점을 한 가지 더 꼽자면, 플랫폼은 프로그램 콘텐츠에 의해서만 특정되지 않고 사용자에게 제

정 기기에 기반한 관점(*viewing*)을 내포할 수도 있지만, 포털을 이론화하는 것은 기기와는 별 관계가 없다. 여기서 포털이라고 특정 지어진 것들은 광범위한 콘텐츠를 사용 가능케 한다. 포털의 13세기 정의는 관문(*gateway*) 기능을 강조하는데, 여기에서는 텔레비전 프로그램을 가용하게 하는 관문이다". Amanda D. Lotz(2016), "The Paradigmatic Evolution of U. S. Television and the Emergence of Internet-Distributed Television", *Icono 14 Journal of Communication and Emergent Technologies*, Vol. 14, no. 2: 122~142, http://www.icono14.net/ojs/index.php/icono14/article/view/993/566.

공하는 인터페이스나 기능 특성에도 영향을 받는다는 것이다. 선형 채널에서의 차별성은 한계가 있다. 시청자가 텔레비전을 켜면 콘텐츠가 자동으로 이어서 나온다. 채널을 바꾸면 다른 콘텐츠가 나오지만, 그 기능적 경험치는 여전히 같다. 상업성의 정도만이 시청자의 실질적인 경험에 다르게 작용할 것이다. 반대로, 각 플랫폼은 사용 경험을 차별화하는 특장점을 갖고 있고, 각 플랫폼의 사용 경험은 사용자마다 다르다. 넷플릭스로 로그인하는 경험은 HBO 나우에 접속하는 수용자 경험과는 달라 편성뿐만 아니라 수용자 경험 또한 플랫폼을 구분 짓는다. 따라서 플랫폼의 특성이 상품차별화의 한 부분이 된다. 플랫폼을 하나의 상품으로 차별화하는 또 다른 특징으로는 콘텐츠 구성 전략과 최종 시청 콘텐츠 자동재생 여부, 검색과 추천 기능의 차별 세밀화(*particular sophistication*) 등이 있다. 시청행동을 조종하는 장치인 리드인(Lead-ins)[29]이나 해머킹(Hammocking)[30]과 같이 방송에서 사용하는 선형 편성 전략은 플랫폼에서 경험 최적화(*optimizing experience*)로 대체된다. 플랫폼은 각 시청자가 같은 플랫폼에서도 서로 다른 경험을 할 수 있도록 대중 맞춤(*mass customization*) 기능

---

29 〔옮긴이 주〕선형 편성에서 시청자를 끌어들이기 위해서 시청률이 높은 프로그램을 낮은 프로그램 앞에 편성하는 전략.
30 〔옮긴이 주〕시청률이 낮은 프로그램 앞뒤로 인기 있는 프로그램을 편성하여 시청률을 높이는 전략.

을 추가적으로 제공한다. 플랫폼은 선형 전송(*linear distribution*)의 특징인 무차별 전송을 대신해 특정 구독자에게 맞게 광고 메시지나 추천을 할 수 있다.

다른 형태의 인터넷 텔레비전 사례

인터넷 텔레비전은 매우 다양한 종류의 시도를 하고 있다. 어떤 시도는 산업형태나 시청관행이라는 측면에서 보면 텔레비전이라는 정의 안에 간신히 포함될 정도다. 아직 인터넷 텔레비전은 초기 단계이지만, 다층적 비디오 산업이 출현하고 있다는 주장을 뒷받침할 증거가 더 많이 나타나고 있다. 이 책에서는 앞에서 제시한 텔레비전의 정의에 따라 롱폼 콘텐츠(*longform content*) 31 전송에 초점을 맞추기로 한다. 그 이유는 롱폼 콘텐츠가 '텔레비전'이라고 인정할 수 있는 가장 가까운 콘텐츠이기 때문이다. 따라서 이 책에서는 수용자·비전문인 제작으로 시작해 독립적인 산

---

31 〔옮긴이 주〕Long-form과 short-form, 즉 콘텐츠 길이의 차이는 텔레비전에 기반한 인터넷 서비스와 기타 인터넷 영상 서비스를 구분하는 가장 중요한 차이가 될 수도 있다. 유튜브와 같은 플랫폼을 위해서 생산된 콘텐츠는 대개 텔레비전 콘텐츠보다 길이가 짧다. 텔레비전과 플랫폼 간의 매체 특성, 사용 환경, 습관의 차이가 이런 차이를 불러오는 것으로 볼 수 있다.

업으로 발전한 유사 서비스에 대해 큰 관심을 쏟지 않았다. 커닝햄(Cunningham)과 크레이그(Craig)가 집단엔터(*commutainment*)라고 부르는, 소셜미디어의 역학을 이용하면서 팔로워 집단을 양성하는 개인성에 바탕을 둔 인터넷 텔레비전은 최근에 등장했고 플랫폼만큼 흥미롭고 중요하지만, 플랫폼과는 확연히 다르기 때문에 별도의 연구가 필요하다. 32 분명히 전도유망한 분야인 이 산업은 산업형태(광고 기반), 정부정책, 시청습관(단편물, 시청의 일상생활화)과 같은 관점에서 기존에 '텔레비전'이라 간주했던 것과는 확연히 다르므로, 독자적인 미디어가 아니라면 적어도 하나의 독립된 산업이라 여기는 것이 더 좋을 것이다.

분명히 말하지만, 그렇다고 해서 유튜브나 기타 유사한 영상통합 서비스(*aggregators*)가 덜 중요하다고 평가하는 것은 결코 아니다. 이런 특정한 양식의 인터넷 전송 영상업계의 산업·시청 규약은 매우 다양하고 또 중요하기 때문에 별도의 이론화가 필요하다는 생각에서 따로 둔 것이다. 이 책에서 비선형 텔레비전을 논의할 때, 앞서 언급한 예와 같은 인터넷 텔레비전에 적용되는 점

---

32 Stuart Cunningham & David Craig(2016), "Online Entertainment: A New Wave of Media Globalization?", *International Journal of Communication*, Vol. 10. 분명히 하자면, '유튜브'(YouTube)는 그 상황에 따라 상당한 차이를 보인다. 미국에서는 롱폼 콘텐츠 전송에 제한적인 역할을 하지만, 다른 국가 환경에서는 좀 더 중요한 역할을 하고 있다.

들이 있기는 하나, 대부분의 논의는 대본(*script*)을 바탕으로 제작된 고비용 롱폼 콘텐츠와 지금까지 문화·제도적으로 텔레비전 산업에 고유한 관행으로 인정되었던 지적재산을 유통하는 비즈니스 전략에 중점을 둘 것이다. 파생된 법칙에 의해 규정되는 유사 텔레비전 서비스에 대해 이해하는 일이 어렵지는 않을 것이다. 그런 면에서 미국의 지상파, 케이블 텔레비전이 케이블 초기에 대해서도 이렇게 유사한 형태로 놓고 이해한 것은 대체로 적절한 것이다.

또한 이 논고는 아이튠즈(iTunes)에서나 DVD로 팔리는 텔레비전 프로그램과 같은 구매 기반 인터넷 텔레비전에도 많은 부분을 할애하지 않았다. 지금껏, 이와 같은 대량 소매 구조는 2차 시장으로만 존재했다. 왜냐하면 이들 서비스는 오리지널 콘텐츠를 제작하지는 않았기 때문이다.[33] 현존하는 이론 프레임으로 설명하기가 어려운 새로운 산업관행을 설명할 수 있는 모델을 만드는데에 이 책의 많은 부분을 할애할 것이다. 개별 시리즈나 단편 구매를 설명하는 일에는 '출판 모델'에서 나타나는 미디어 제작 형식이 더 적절할 것이다.

---

33 루이스 C. K. 의 〈호레이스와 피트〉(*Horace and Pete*)는 주요한 예외이지만, 제작과 유통에서 그 규모가 크지 않은 것은 분명하다.

인터넷 텔레비전의 이해

통상 '인터넷'이라고 줄여 부르는 인터넷을 통한 전송은 그 영향이 10년 전부터 확실해지기 시작했지만, 그 이전에도 미국 텔레비전 업계에 혁명적인 변화를 몰고 올 것이라 예견되었다. 하지만, 텔레비전 업계의 법칙이 인터넷으로부터 어떤 영향을 받을 것인가 하는 문제는 예견되지 않았고, 예견될 수도 없었다. 인터넷 전송을 포함한 다양한 서비스가 경쟁적 양상으로 드러났을 때 전달기술만이 이러한 변화를 설명할 수 있을 거라고 생각하는 경향이 있었다. 하지만, 인터넷은 이전의 전달체계가 갖지 못한 가용성을 갖추고 있었다. 사실 비선형성과 같은 기술 가용성으로 인해 텔레비전 제작과 시청 규약의 상당 부분이 변화할 수 있었고, 변화해야만 했다. 이런 변화들이 기술에 근원을 두고 있다고 단순히 분석하기보다는 변화된 특정 영역과 변화한 규약을 연구해야만 더 분석적으로 볼 수 있다. 비선형 전달로 인해 새로 등장한 규약은 지상파와 케이블 전달체계에서 발달한 통상적인 규범에 깊고 넓은 변화를 가져왔다. 미국 텔레비전 산업의 변화 중에서 2010년부터 일어난 전달체계의 변화나 주 수익 모델, 전략 변화 등을 분명히 구분해 내는 것은 쉽지 않지만, 반드시 시도해야 할 중요한 문제다. 이런 시도를 하지 않는다면 변화의 원인을 기술 변화와 필요 이상으로 깊게 연관시킬 것이기 때문이다.

물론 인터넷 텔레비전은 2010년 전에도 존재했다. 하지만 2010년이 중요한 전환점이 되는 이유는 이때부터 미국에서 인터넷 전달기술사용이 좀 더 편리해졌기 때문이다. 2010년에 넷플릭스 스트리밍과 HBO Go의 출범, 훌루의 안정성 강화 등에 관심이 급증하면서 플랫폼이 산업적으로 제작된 롱폼 콘텐츠를 전달하는 매개체로 등장하였다. 34 이러한 서비스들이 보여 준 비선형의 편리함은 인터넷 프로토콜을 통해 전달되는 텔레비전이 지상파나 케이블 텔레비전을 대적하거나 추월할 수 있음을 명확히 보여 주었다. 또한 이들 서비스는 그때까지 존재했던 저화질, 저속 인터넷 텔레비전 경험에 정면으로 부정하였으며, 당시 시청자 다수가 요구했던 장편, 전문 제작 콘텐츠를 전송하였다. 2010년에 출시된 태블릿 기술 또한 그때까지 '컴퓨터 활동'(computing)이 먼저 연상되는 모니터 화면뿐만 아니라 다양한 화면 사이를 '텔레비전'이 유연하게 오갈 수 있다는, 그때까지는 완전히 새로웠던 양식을 가시화했다. 곧이어 스마트폰이 가장 중요한 이동 화면(mobile screen)이 되지만, 태블릿의 등장은 텔레비전을 텔레비전 수상기나 컴퓨터와 동일시하던 스크린 사용 패러다임을 완전히 바꾸는 데 일조했다. 이렇듯 플랫폼이 막 등장하던 시기에

---

34 BBC의 아이플레이어(iPlayer)가 2007년부터 이런 기능들 중 많은 것들을 제공했다는 사실은 중요하다.

는 시청에 사용된 스크린 종류를 기준으로 텔레비전을 구분하는 데 상당한 관심이 있었다. 그러나 전통적인 거실 스크린을 포함하여 모든 화면에서 인터넷 텔레비전을 사용할 수 있게 되면서 대부분의 연구에서 스크린은 전달기술에 비교하여 덜 중요한 소재가 되었다.

새로운 화면을 통해 텔레비전을 시청하는 것이 가능해지고 텔레비전의 경계가 불확실해지면서 텔레비전 산업관행에도 심각한 변화가 일어났다. 2000년대 초 텔레비전 산업 전반에 걸쳐 '위기' 감과 공멸(共滅)감이 확산되었는데, 그 이유는 텔레비전을 지배했던 법칙과 텔레비전 산업에서 공통으로 사용되던 전략의 효과가 점차 약해지면서 전통적인 잣대에서 이들이 실패했다고 느꼈기 때문이다. 예를 들면, 텔레비전 산업에 대한 일반적인 평가는 생방송을 시청하는 시청자 층의 확연한 감소, 35 후속 시즌 시청자 감소, 36 2014~2015년 광고 선(先)판매시장(*upfront adver-*

35 Daniel Frankel(2015. 3. 12.), "Cable's Ratings Collapse", *Fierce Cable*; Cynthia Littleton(2015. 2. 11.), "TV's New Math: Networks Crunch Their Own Ratings to Track Multiplatform Viewing", *Variety*, http://variety. com/2015/tv/features/broadcast-nets-move-closer-to-developing-ratings-that-consider-auds-delayed-viewing-habits-1201430321.

36 Josef Adalian & Leslie Shapiro(2016. 3. 16.), "The 2015-16 TV Season in One Really Depressing Chart", *Vulture*, http://www. vulture. com/2016/3/2015-2016-tv-season-in-one-depressing-chart. html.

tising market)에서 사전 구매 부진 등의 사실을 강조하면서 방송 산업의 공멸을 예상하기도 했다. [37]

비록 이러한 요소가 방송사들이 광고에 전적으로 의존하던 시기에 방송 산업이 주로 사용한 주요 계산법이기는 하지만, 이 요소들은 광고 수입에 대한 의존도가 낮아지고 점차 다른 수익 모델로 운영되기 시작한 방송 산업에서는 단지 일부분만 설명한다. 선형 편성 평가 계산법과 실시간 방송 중심의 성과 평가, 프로그램 간 지속적인 흐름(*flow*)에 기반한 전략들은 이때까지의 텔레비전 경험과 지나치게 동일시되어 이러한 특성이 텔레비전의 본질적인 특성이라고 생각했다. 즉, 이들이 하나의 전송 시스템으로서 지상파가 만들어 낸 특정 규약이라는 사실을 간과했다.

2017년 시점에서 인터넷 텔레비전의 초창기를 이해하고자 한다면, 당시에 일어났던 산업의 변화를 정확히 계산하기 위해 새로운 전송기술과 스크린 기술, 전에 없던 수익 모델을 포함해야 한다는 것은 분명한 사실이다. 이런 변화는 서로 연관되어 텔레비전과 관련한 일군의 산업 전략 및 수용자 경험을 드러낸다.

인터넷 텔레비전의 비선형 가용성은 텔레비전 규약에 있어 중요한 변화 두 가지를 낳았다. 첫 번째로, 그 가용성으로 구독자 수익 모

---

37 Suzanne Vranica & Joe Flint (2015. 3. 26.), "Digital Takes Its Toll on TV's Upfront Ad Sales", *Wall Street Journal*, B1.

델(*subscriber-funded revenue model*)이 수용 가능해져서 여러 산업 관행이 상당 부분 조정되었다. 우선 구독자를 유입시키기 위한 콘텐츠를 제작한다는 목표가 세워지면서 광고주가 원하는 다수의 시청자(*eyeballs*)를 모으기 위한 콘텐츠를 제작하는 목표와 크게 다른 프로그램 구성(*programming*)이 나타났다. 물론, HBO나 쇼타임(Showtime), 시네맥스(Cinemax), 스타즈(Starz) 등과 같은 선형 케이블 방송 서비스들이 인터넷 텔레비전이 등장하기 훨씬 전에도 완전한 구독자 모델로 운영되고 있기는 했다. 그러나 이들의 수익 모델은 전체 텔레비전 경제에 있어서는 그 규모가 미미했기 때문에 이들 사례에 관한 관심이나 이론화는 제한적이었다.[38] 물론 모든 플랫폼이 구독자 수익에 의존하는 것은 아니지만, 구독자 모델이 광범위하게 도입되면서 — 2015년 말까지 미국에서 약 100개의 플랫폼 중에서 76개가 사용 중 — 기존에 있던 텔레비전 이론과 산업관행은 구독자 모델과 관련해 상당한 재고가 필요해졌다.[39]

---

38 또 상당기간 동안 이 서비스들은 편성 대부분을 제공하는 영화계와 밀접한 관련이 있었다. 이로 인해 이 서비스들과 수익 모델은 관심을 받지 못했다.

39 Shalini Ramachandran (2016. 4. 12.), "Niche Sites Like Zombie Go Boom Target Underserved Markets", *Wall Street Journal*, http://www.wsj.com /video/niche-sites-like-zombie-go-boom-target-underserved-markets/ B57A7513-84B8-456A-B3B0-6F934225C6FA.html.

인터넷 공급의 비선형성에서 비롯된 두 번째 변화는 텔레비전 콘텐츠 창작자가 이전보다 더 직접적으로 시청자와 연결되었다는 점이다. 인터넷 서비스 전송사업자나 플랫폼과 같은 중개 매체는 여전히 존재하지만, 고도로 결합된 미디어 회사들이 이전에 허용했던 것보다 제작 스튜디오가 더 많은 결정권을 제작과 전송에서 행사할 수 있는 방향(수직적 통합)으로 텔레비전 비즈니스 관행이 변화하고 있다. 1990년대에 스튜디오와 네트워크/채널 간의 수직 집중이 심화되어 미국 텔레비전 비즈니스를 변화시켰지만, 인터넷 전송이 등장하기 전까지 이런 변화는 널리 알려지지 않았다. 하지만, 편성보다 조성에 중점을 두는 플랫폼들은 수직 집중 전략을 한층 더 변화시켰다. 인터넷 텔레비전 환경에서 제작자와 전송사업자 간의 구분이 확연하게 없어졌고 이러한 현상은 이들 업계에서 생산되는 창작물에도 상당한 영향을 미칠 정도였다.

이런 변화와 결과를 좀 더 자세히 들여다보기 전에 이 책은 인터넷 텔레비전이 기존 미디어 산업 연구에서 차지하는 위치를 분석하고, 2장과 3장에서는 새로운 논의를 개진하고자 한다. 1장에서는 비선형성 가용성이 갖는 함의를 탐색하고자 한다. 인터넷 텔레비전 특성을 설명하는 현재 이론 범주가 가진 한계를 1장에서 설명하고, 2장에서는 새로운 미디어 제작 모델의 필요성을 논의할 것이다.

2장에서는 구독자 수익 모델이 변화시킨 여러 텔레비전 규약 형태와 '구독자 모델' 미디어 제작의 특징에 초점을 둔다. 하나의 묶음 상품을 이용하기 위해 시청자가 직접 지불하는 모델은 단일 상품을 직접 구매하는 모델이나 대부분의 현존 미디어 업계의 특징인 광고 의존 모델과는 상당한 차이가 있다. 인터넷 텔레비전에서만 구독자 수익 모델이 존재하는 것은 아니지만, 현재 인터넷 텔레비전 업계에서 지배적 수익 모델인데도 불구하고 많은 연구가 이루어지지 않았기 때문에 깊이 있는 분석이 필요하다.

3장에서는 최근 여러 플랫폼에서 분명하게 드러나고 있는 수직 집중 전략의 확장에 관해 탐구하고자 한다. 우선, 미국 텔레비전 업계에서 인터넷 텔레비전이 등장하기 전 수년간 의존도가 높아진 수직 집중을 살펴본다. 그 다음으로 내가 '스튜디오 플랫폼' (studio portals) 이라고 칭한, 서비스가 생겨나면서 신생 인터넷 텔레비전이 수직 집중 전략을 확장한 사례를 탐구한다. 지상파와 케이블 전송의 일반 사례와 비교하면서 플랫폼이 취한 수직 집중 전략의 결과를 알아보기 위해서이다.

1

인터넷 텔레비전의 비선형성 특성 연구

지상파나 케이블과 비교하여 인터넷 텔레비전의 가장 큰 차이점은 후자의 경우 특정 시간을 정해 놓고 시청(특정 시간대 시청, *time-specific viewing*) 하지 않아도 된다는 점이다. 인터넷 프로토콜을 사용하는 전송기술에서도 생방송이나 선형 편성 형식으로 콘텐츠를 제공할 수는 있지만, 지금까지는 이 방식이 주로 쓰인 적은 없다.1 선형 전송을 기반으로 텔레비전 산업계에 만들어진 많은 관례와는 다른 법칙을 가지고 인터넷 전송에서 차별화된 서

---

1 〔옮긴이 주〕 2022년 현재 지금도 주로 쓰이지는 않지만 FAST(Free Adver-tisement-supported Streaming TV services) 나 스포츠 실시간 중계 등이 인터넷 텔레비전에 등장하고 있다.

비스가 나타날 수 있었던 이유는 특정 시간대 시청이 인터넷 전송 서비스의 경우에 필요하지 않았기 때문이다.

레거시 텔레비전 산업의 제작과 전송 모두, 특히 드라마(scripted series)2와 같은 경우에는 특정 시간대 시청을 전제로 한다. 수십 년 동안, 시청자들은 지정된 편성표에 따라 시청하는 습관을 방송사에 의해 강요받았다. 콘텐츠의 흐름(flow), 프로그램의 길이, 주당 방영 편수처럼 거의 모든 텔레비전의 관례들은 선형 편성을 하기 위해서 고안된 관행에 기반을 두고 있다. 인터넷 전송은 VCR과 DVR 녹화, 그리고 DVD에서 나타나기 시작한 가능성을 한 단계 더 발전시켜 시청자들이 도서관에서 책을 고르는 것처럼 텔레비전 시청을 선택할 수 있게 했다.

적시성(timeliness)이 특정 시간대 시청경험을 규정했을 뿐 아니라 시간은 레거시 미디어의 비즈니스 관행을 제한하는 데에도 중요한 역할을 했다. 지상파와 케이블 방송용으로 제작된 드라마 비즈니스는 일련의 (1차, 2차 등) 방송 프로그램 시장에서 방영시간을 차별화하는 것이 핵심인 콘텐츠 공개(windowing)에 기반을 두고 있다. 3 방송국이 한 시리즈의 초방권을 사면, 보통 방영 초

---

2 〔옮긴이 주〕 scripted series는 대본에 기반한 텔레비전 시리즈인데, 통상적으로는 드라마와 같은 픽션물을 주로 가리킨다. 하지만, scripted라는 단어 자체는 기타 예능 프로그램에서 대본의 사전 존재 여부를 가지고 쟁점이 되기도 한다. 할리우드 작가 연합회가 한 파업의 원인이 되기도 한다.

기 얼마간은 그 시리즈에 대한 독점권을 누렸다. 제작사(studio)와 방송국 간 경제적 거래 대부분의 기본 원칙은 선형 전송이 지닌 희소성 특징에 의해 파생되는 독점성에 의해 결정되었다. 전파나 케이블의 희소성으로 인해 DVD나 인터넷 텔레비전 이전 시대에는 콘텐츠에 대한 접근이 극도로 제한적이었다.

선형 텔레비전이 가진 시간 제약은 동시에 네트워크 시대를 지배했던 광고 의존형 경영모델의 기본이었다. 콘텐츠와 비교하여 전송 수단이 제한적이었던 전송 병목(bottleneck)으로 인해 수용자는 콘텐츠를 제한적으로 이용했다. 이 병목현상은 그 제한된 영역 안에서 광고주가 전달하는 메시지를 시청하려는 시청자를 모을 수 있는, 오락물의 제작을 기반으로 둔 시스템을 만들었다. 4 물론 건실한 공영방송을 가진 다른 나라의 예에서 나타나듯이, 이 전송기술(선형 텔레비전)에 광고주 지원이 필수인 것은 아니었

---

3 이는 리얼리티 프로그램이나 뉴스, 스포츠 콘텐츠와 같이 통상적으로 상당한 기간에 걸쳐 판매, 재판매되지 않는 포맷처럼 초방에서 제작물에 대해 적정 보상하는 비즈니스 모델과는 반한다.

4 상이한 인터넷 텔레비전 서비스를 위해 다양한 수익 모델이 나타났다. 이 초창기 인터넷 텔레비전을 위해 광고주, 구독자, 공공 지원, 편당 지불 등을 그 예로 들 수 있다. 하지만, 2018년 현재 구독자 조달이 지배적이었다. 물론 지상파와 케이블 전송기술을 위해서는 다른 수익 모델이 가능했기에 전송기술이 근본적으로 이런 규칙을 정하지는 않는다. 전송기술의 가용성은 다양한 수익 모델을 증진시키거나 저지하기는 한다.

지만 미국의 경험에서는 적어도 그랬다.

　중요한 것은 텔레비전 프로그램 중 많은 것들이 쉽게 편성표와 동떨어질 수 없다는 사실이다. 프로그램의 이용이나 가치는 프로그램의 실시간성이나 일상생활의 규칙(rituals)과 상응하는 정도와 연관되어 있다. 그리고 선형 편성 지상파 방송과 케이블 방송은 여전히 그런 콘텐츠에 효과적이다.[5] 인터넷 전송이 이와 같은 이전의 전송 형태를 완전히 대체하는 결과를 낳을 것 같지는 않다. 오히려 변화의 핵심은 인터넷의 비선형 가용성에 의해 나타날 상당히 개선된 텔레비전의 종류에 있을 것이다. 따라서 이 책에서는 이어서 하나의 콘텐츠 장르로서 드라마 시리즈에 집중하고자 한다. 그 이유는 인터넷 전송으로 등장할 새로운 법칙이 가장 심오하게 나타날 것이기 때문이다.

　역설적이게도, 혁명으로 보이는 현재의 발전은 일반적으로 예상하는 만큼 극단적인 변화는 아니다. 그것이 인터넷 프로토콜 기술과 이와 관련된 가용성이든, 아니면 이전에는 덜 중요했던 수익 모델과 관련한 전략이든, 이런 기술과 산업 변화로 일어난 시청자 행동 변화이든, 그 변화는 극단적이지 않다. 멀리는 1700년대의 소규모 유료 순회도서관(circulating library)[6]에서부터 최

---

5 Gillian Doyle(2016), "Resistance of Channels: Television Distribution in the Multiplatform Era", *Telematics and Informatics*, Vol. 33: 693~702.

근 사례로는 1980년대에서 2000년대까지 존재했던 비디오 대여점까지, 현 상황과 관련한 선례가 존재한다. 텔레비전의 인터넷 전송과 그 가용성에서 비롯된 관습 변화로 시청시간 조정(*time shifting*)과 개인 편성(*self-curation*), 편당 시청(*á la carte access*) 등과 같이 아날로그 유선(*physical*) 미디어 시대에는 부수적이었던 시청행태가 주요하고 산업화된 관습이 되었다.

레이몬드 윌리엄스(Raymond Williams)가 말한 부상하거나(*emergent*), 지배적이거나(*dominant*), 잔재적인(*residual*) 기술 관습 개념을 가지고 어떤 기술이 문화적으로 사용되는 방식이 변화하는 과정을 설명할 수 있지만, 윌리엄스의 분석체계는 본 연구 사례에 나타난 것보다는 더 강한 대체의 의미를 가지고 있다.[7] 오히려, 여기에서는 비록 초기 단계인 것은 인정을 하더라도, 윌리엄 우리키오(William Uricchio)가 제안한 깊은 '다형식성'(*pluriformity*)이란 개념이 전송기술 간의 관계를 더 잘 설명한다. 그러나 시간이 흐른 후에 윌리엄스의 패턴을 지지하는 증거가 더 많이 나타날 수도 있다.[8]

---

6 〔옮긴이 주〕미국에서 도서관이 없던 지역을 위주로 마차나 자동차에 책을 싣고 다니면 책을 대여해 주었던 유료 서비스.

7 Raymond Williams(1977), *Marxism and Literature*.

8 William Uricchio(2009), "Contextualizing the Broadcast Era: Nation, Commerce, and Constraint", *Annals of the American Academy of Political*

비선형 텔레비전 이론적 접근

프랑스 사회학자이자 문화 산업학자인 베르나르 미에지(Bernard Miége)는 1989년에 출판된 책, 《문화생산의 자본주의화》(*The Capitalization of Cultural Production*)에서 미디어 생산의 법칙에 따라 미디어를 세 가지 모델, 출판 모델(*publishing model*), 흐름 모델(*flow model*), 활자언론 모델(*written press model*)로 구분하였다.9 보편적인 특징과 주요 기능, 경제적 구조, 창작 업종(*creative professions*), 경영 모델, 시장 특성 등에 기반하여 미에지는 광범위한 미디어 산업들을 이러한 세 가지 종류로 구분하면서 개별 산업보다는 크지만 실제로 적용이 가능한 이론을 도출할 수 있을 정도로 좁은 '법칙'(*logics*)을, 미디어 산업을 분석하고 이론화하는 데 적합하게 제시하였다. 미에지가 속한 프랑스 문화권(*francophone*) 문화 산업 연구 전통 안에서 이들 학자는 미디어 산

---

and Social Science, Vol. 625: 60~73. 장기적인 논쟁거리는 지상파와 케이블 방송이 인터넷 전송이 가지지 않은 가용성을 가지고 있는가 하는 질문이다. 2017년에 당시 영상 전송을 완전히 수행할 수 있는 안정성과 기반시설을 가지고 있는가에 대한 당연한 의문이 제기되었다. 그런 능력이 현재로서는 있다고 하기 힘들겠지만, 점차 개발될 것이라는 것은 당연한 일이다. '다형식성'이 감소하는 것은 바로 그 시점일 것이다.

9 Bernard Miége(1989), *The Capitalization of Cultural Production*, pp. 145~146. New York: International General.

업의 법칙을 발견하고 행동 양식을 구분해내어 왔다. 동시에 기
존 법칙에서 벗어나기 어려워서 알려지지 않았던 가능성 등도 찾
아내어, 이들 산업과 그것들이 촉진하는 창의적인 가능성에 대한
비판적 이해를 발전시켰다.[10]

　지난 30년간 프랑스권 문화 산업 학자들은 각 미디어의 규범과
운영을 밝혀내고 개개의 사례보다는 좀 더 확장된 이론을 만들기
위해서 문화 산업을 일반적으로 분류할 수 있는 '모델'을 만들고
재개념화하여 왔다. 미에지가 제안한 출판 모델, 흐름 모델, 활
자언론 모델로 이루어진 세 가지 모델 분류법(*triumvirate*)이 가장
널리 알려져 있다. 그 이후로 이 분류에 다양한 수정들이 있었다.
출판 모델은 '상품' 생산으로 구분되는 것이 더 적절하다고 제안
되기도 했고 활자언론과 흐름 산업의 역학이 비슷해서 같은 유목
으로 묶어야 한다고 학자들이 제안하기도 했다.[11] 파트리스 플리

10　Miége, *The Capitalization of Cultural Production*, p. 133. 이 미디어 산업 분
　　석 학파 내에서 학자들은 "끈질긴 관찰을 통해 우리의 과학적 지식을 새롭게
　　할 어떤 일반적인 정보를 궁극적으로는 획득할 수 있다는 희망을 가지고, 연구
　　대상 사회 경제 활동자(*actors*)가 가진 요소를 발견하고 그들의 상호관계나 모
　　순을 명확하게 하는 목적으로 그들이 가진 전략들을 연구하거나" 이미 "가용한
　　지식을 바탕으로 우리가 이미 알고 있는 것을 명확히 하고 완성시키는 가설을
　　제기하는 위험을 부담하고, 나아가 이 새로운 이론적 틀에 기대어 전략의 진화
　　를 넘어서는 현재 경향의 중요성을 결론 내는 것"이 미에지는 학자의 일이라고
　　한다(133).

11　Jean-Guy Lacroix & GaëtanTremblay(1997), "The Emergence of Cultural

시 (Patrice Flichy) 와 같은 학자들은 미에지의 접근법과는 의견을 달리하면서, 특정 관행이나 '법칙'과 관련하여, 더 넓은 범위의 '모델'을 주요 개념으로 제시하였다. 12 장-기 라크로와 (Jean-Guy Lacroix) 와 게이통 트렘블레이 (Gaëtan Tremblay) 는 이 책에서 구독자 모델로 서술하고 있는 미디어 상품에서 수입이 발생하는 조건들을 다루면서 '클럽 법칙' (*club logic*) (여기서 법칙은 실제로 미에지가 사용한 모델이라는 용어와 유사하다) 이라는 개념을 제안하면서 문화 산업 분류가 더 심화할 가능성을 열었다. 13

미국 텔레비전 산업에 새로 등장하는 인터넷 전송을 연구하기 위해서는 앞서 서술한 것과 같은 문화 산업 연구가 사용하는 연구 방법이 이상적이다. 텔레비전 비즈니스를 이해하는 데 쓰였던 기

Industries into the Foreground of Industrialization and Commodification : Elements of Context", *Current Sociology*, Vol. 45 : 11~37, 43.

12 Patrice Flichy (1993) , "Industries Culturelles", in *Le Dictionnaire de la Communications*, tome 2, L. Sfez, ed. , Paris : Presses Universitaires de France.
용어 사용 주의점 : 번역에 의존한 것을 감안한다면 원어본에서 모델 (*models*) 에 대비하여 법칙 (*logics*) 이 정확히 사용된 것을 확신하기는 어렵다. 번역이 부정확하고 용어가 번갈아 가면서 쓰인다. 결과적으로 내가 사용하는 것이 미에지나 플리시와 완전히 같지는 않다. 여기서 톰슨이 제안한 바와 같이 모델은 활자언론, 흐름, 출판/상품, 현재의 구독과 같은 거시 분류인 반면, 법칙은 모델 안에서 나타나는 산업적 관행들을 의미한다.

13 Lacroix & Tremblay, "The Emergence".

존 지식의 상당 부분이 인터넷 전송이라는 이 새로운 전송기술에는 부적절하다는 것이 명확해졌기 때문이다. 인터넷 전송이 가진 가용성은, 특히 비선형 전송 가능성과 같은 요소는, 기존과 다른 법칙을 만들어 냈고, 그 결과 일련의 새로운 관행을 만들어 낼 수 있는 특징을 가진 규약이 나타났다. 이런 이유로 미에지의 세 가지 집단 모델(출판, 흐름, 활자언론)은 확장될 필요가 있다.

미에지는 라디오와 텔레비전, 그리고 1980년대 말에 등장한 '뉴 미디어'14가 '흐름 모델' 특성이 있다고 보았다.15 흐름 모델은 생산된 콘텐츠를 연속성 있는 흐름으로 제공하고 시청자 일상생활 양식에 미디어가 밀접하게 연결되는 것을 기본 특징으로 가지고 있다. 지상파 기술 특성 중 하나인 희소성으로 인해 프로그램을 매일 편성하여 전송하는 것이 필요했고 따라서 흐름 모델 안에서 운영되었다. 흐름 모델을 기초로 운영되는 산업에서 주요한 행위는 프로그램 기획자로서 그 흐름을 편성하는 것이다. 흐름 산업은 편성표 안의 요소들(텔레비전 프로그램)을 제작하거나, 아니면 제작을 기획한다. 하지만 미에지는 흐름 산업이란 기본적으로 특정 창작물을 생산한다기보다 편성(schedule)을 생산하는 것이라고 주장한다. 지상파와 케이블 텔레비전에서 보이는 전송은

14 〔옮긴이 주〕케이블, 위성 방송 등을 의미한다.
15 Miége, *The Capitalization*, pp. 145~146.

분명히 미에지가 주장한 것과 같은 흐름 모델의 원칙을 따르고 있다. 하지만 인터넷 전송 환경에서는 선형 흐름으로부터 이탈이 일어나고 있어서 비선형 텔레비전을 이해하기 위해서는 다른 모델이 필요하다.

인터넷 기술로 인하여 흐름 모델의 특징과 이에 수반한 산업관행에서 텔레비전이 독립하게 되었기 때문에 텔레비전 중 특정 부분에서는 차별적인 개념화가 필요하다. 플랫폼 라이브러리에서 주문형 사용이 가능하여 개인 선택이 늘어나는 드라마 장르는 특히 그렇다. 미에지의 '출판 모델'이 인터넷 전송을 이해하기 위한 대안이 되기도 하겠지만, 이 모델만으로 충분한 설명이 되진 않는다. 영화나 책, 앨범 등과 같이 "독립된 개인 작품의 집합체로 이루어진 문화상품"인 미디어가 '출판 모델'의 특징이 된다.16 일반적으로 어떤 작품을 만들지 선택하고 그것을 제작할 창작 집단을 찾아내어 상품의 제작과 재제작을 조직하는 일이 출판자의 기본 업무이다.

미에지의 출판 모델은 영화, 음반, 서적 출판과 같은 산업의 규약을 포함하고 있다. 따라서 출판 모델은 명칭에서 짐작되듯이 그 기반을 작성된 문자를 재생산하는 미디어에만 두고 있는 것은 아니다. 독립된 작품이기 때문에 광범위한 마케팅이 필요한, 문

---

16 Miége, *The Capitalization*, pp. 144~145.

화상품의 창작을 기반으로 하는 업계가 출판 모델에 속한다. 연속성과 규칙성, 상품 소비의 의례화(ritual)로 정의되는 흐름이나 활자언론 산업과는 달리 일련의 개별 구매가 가능하다는 것이 출판 모델의 특징이다. 출판 모델에서 나타나는 일련의 개별 구매 특성은 미디어 생산법칙을 변화시키고, 차별화된 여러 산업관행을 촉진한다. 특히, 책이나 앨범과 같은 미디어 상품을 사거나 영화관에서 영화를 보는 경우와 같은 때에는 사용권을 구매하는 직접 지불 수익 모델이 아날로그 시대 동안 출판 모델 산업계를 지배했다. 출판 모델 내에서 생산된 미디어는 광고 수익에 크게 의존하지는 않았다.

비선형 텔레비전 전송이 나타나면서 텔레비전에 대한 많은 가설이 재고되어야 하며 텔레비전 비즈니스를 이해하기 위한 모델과 틀도 재조정되어야 한다. 인터넷 텔레비전에서 보이는 관행은 흐름이나 출판 모델에서 보이는 미디어 작동과는 차이가 있다. 결과적으로 플랫폼의 새로운 규약은, 플랫폼만의 특징과 기존 규약과 비교하여 차이점을 설명할 수 있는 틀을 만들기 위한 더 심오한 연구와 이론 개발을 요구하고 있다.

인터넷 전송에서 나타나는 용인성으로 인해 변화한 형태의 법칙이 인터넷 텔레비전 전송을 규정할 수 있게 되었고, 이에 따라 인터넷 텔레비전에 상당한 영향을 준 지상파와 케이블 전송과는 차별성 있는 규약과 전략이 촉발하였다. 근본적으로 모델을 바꾸는 정도는 아니었지만, 산업 법칙의 변화로 가능한 창작과 내용에도 변화가 일어나 문화상품 자체의 변화가 일어날 것으로 예상된다. 이 새로운 전략은 창작자가 가질 수 있는 역할과 기회뿐만 아니라 문화에서 텔레비전이 수행하는 역할과 텔레비전 산업이 생산할 주된 창작물에도 변화를 가져왔다. 미묘한 차이까지 포착하는 탐구만이 서로 다른 기술을 통해 전송되는 텔레비전 간의 연결점과 단절점을 찾아낼 수 있다. 단지 기술적인 진화가 아니라 법칙과 관련된 관행의 변화까지 주의를 기울이면서 텔레비전 전경(*landscape*)의 변화를 탐구할 때만 디지털과 인터넷이 다른 미디어에 광범위하게 가지고 온 변화를 파악할 수 있는 큰 그림을 제시할 수 있을 것이다.

출판 모델의 특성을 가진 비선형 텔레비전?

만약 흐름 모델이 인터넷 텔레비전의 비선형성 특징을 설명하는 데 적절하지 않다면 출판 모델은 이를 더 잘 설명할 수 있을까? 나타난 몇 가지 증거를 보면 미에지의 출판 모델이 인터넷 텔레비전을 설명할 것 같다. 다만 처음부터 분명히 하자면, 출판 모델에도 인터넷 텔레비전을 이해하는 데 몇 가지 제한점이 있다. 특히 출판 모델이 특정 상품에 대한 직불 거래에 기반을 두고 있는 점이 그러하다. 인터넷 텔레비전의 대부분은 콘텐츠 **라이브러리**에 관한 **사용권을** 플랫폼과 구독자가 교환하는 형태로 거래하고 있고 이러한 거래는 출판 모델의 개별 구매와 완전히 다른 것이다.

그렇지만, 출판 모델의 틀 안에서 텔레비전 시리즈를 생각해 보는 일은 인터넷 전송의 결과를 더 풍부하게 개념화할 수 있는, 패러다임을 바꾸는 실험적 사고(*thought experiment*)이다. 이런 실험적 사고는 새로운 비즈니스 모델과 관행들을 예측하는 데 도움이 된다. 따라서 사회 내에서 미디어의 중요성에 관심을 가진 학자들이 제작과 내용, 수용자 등을 중심으로 인터넷 전송 비디오와 관련된 산업 관행의 변화가 미칠 영향을 예견할 수 있게 해준다. 이런 시도는 또한 인터넷 텔레비전과 그것의 새로운 규약들이 가지는 특성에 더 잘 맞는 새로운 모델을 만들 필요성을 더 잘 보여 준다.

출판 모델 구조를 가진 텔레비전은 어떤 모습을 보일까? 이 책의 결론에서 이런 실험적 상상을 더 해보겠지만, 출판 모델 텔레비전은 서적 거래의 경험을 가장 가까이 모방할 것으로 보인다. 17

---

17 이런 것이 기대되는 또 다른 일반적인 상품은 음악(*recorded music*)이다. 하지만 반복된 음악 청취가 더 가치 있다는 점에서(청취자들은 구매한 음악이나 앨범을 반복해서 듣기를 원한다), 그리고 책을 다시 읽거나 텔레비전 시리즈를 반복 시청하는 일은 드물다는 점에서 음악의 사례는 도움이 덜 된다.

2000년대 초 잠시 나타났던 텔레비전 DVD 시장 또한 출판 모델 텔레비전에 대한 힌트를 보여 줬다. 물론 텔레비전 시리즈는 지금도 DVD로 계속 팔리고 있다. 하지만 비용 부담과 물리적인 상품을 취득해야 하는 불편함, 이 두 가지 이유로 이런 거래 방식이 선호되는 경우는 찾기 어렵다. 18 인터넷 전송에서도 직불 시장은 비교적 소규모로 머물고 있고, 디지털 비디오 시장에서 DVD 판매 점유율은 22%며 구독자 지불 모델에 지분을 내주면서 하락할 것으로 예상된다. 19 물론 시청경험이란 측면에서는 완벽하지만, 거래 비용을 생각해 보면, 직불 거래는 가격보다는 편리성을 추구하는 사람들을 위한 선택이 될 것이다. 왜냐하면 경쟁 관계에 있는 플랫폼이 저렴한 가격을 제시하여 더 나은 금전적인 혜택을 주기 때문이다. 중요하게 기억해야 할 것은 미국 코미디언인 루이스 C. K. (Louis C. K.)가 2016년에 〈호레이스와 피트〉(*Horace and Pete*)라는 작품을 실험적으로 제작한 것을 제외하면, 최초 공

---

18 적어도 이것은 미국의 사례이다. DVD로 보는 텔레비전은 콘텐츠를 다른 방식으로 시청할 수 없을 경우에는 유지되고 있다.

19 2,495. 97건이 인터넷 DVD 판매(*electronic sell-thru*), 5,321. 63건이 구독 주문형 비디오이고, 3,149. 38건이 편당 구매 시청(Pay Per View) 전체를 기준으로 계산하였다(2,495. 97/10,966. 90= .2276). Figures from Statista (2015), "Subscription video on demand market in the U.S."; http://www. statista. com/statistics/456796/digital-video-revenue-type-digital-market-outlook- worldwide/.

개를 하기 위해 직불 판매 모델로 제작된 시리즈는 아직 없어서 직불 판매는 아직 콘텐츠 제작에서 불확실한 수익 모델이다.

시리즈별로 직불 판매는 출판 모델과 잘 부합하지만, 라이브러리 전체 사용권을 판매하는 플랫폼이 인터넷 텔레비전 초기를 지배했다. 상품 하나를 구매하기 위하여 요금을 지불하는 단순 직불이 특징인 출판 모델과는 달리 플랫폼은 일군의 시리즈와 영화에 대한 시청권을 묶음으로 판매하고 월 구독료를 받는다. 인터넷 전송으로 인해 신문이나 음악과 같은 미디어 산업에서는 '분리 판매'(*disbundling*)와 '개별화'(*disaggregation*)에 대한 관심이 높아지고 있는 현상을 고려하면, 인터넷 텔레비전에서는 가장 널리 쓰이는 판매 형태가 영화와 텔레비전 시리즈의 묶음 판매(*bundling*)라는 사실은 역설적이다. 이런 전략은 경제학에서 미디어 산업의 엮기(*tying*)[20]나 묶음,[21] 또는 '클럽 모델' 등으로 연구되었지만,[22] 이들 중 어떤 것도 인터넷 플랫폼에서 나타나는 거래의 특성을 명확히 재생산하지는 못한다. 야니스 바코스(Yannis

---

20 David S. Evans & Michael A. Salinger (2005), "Why Do Firms Bundle and Tie: Evidence from Competitive Markets and Implications for Tying Law", *Yale Journal on Regulation*, Vol. 22: 37.

21 Gregory Crawford & Joseph Cullen (2007), "Bundling, Product Choice, and Efficiency: Should Cable Television Networks Be Offered á la Carte?" *Information Economics and Policy*, Vol. 19, No. 3 - 4: 379~404

22 Lacroix & Tremblay, "The Emergence."

Bakos) 와 에릭 브린욜프슨(Erik Brynjolfsson) 은 인터넷에서 판매되는 묶음 상품 경제를 중심으로 이 전략이 가진 가치를 설명하였다. 23 판매자는 판매자가 개별 상품의 가치를 결정하는 것보다 소비자가 묶음 상품의 가치를 결정하는 방법에 대해 더 정확히 예상할 수 있다는 연구 결과를 바코스와 브린욜프슨은 밝혔다. 결과적으로 단일 제품 판매보다는 라이브러리 사용권 매매가 판매자나 시청자 모두에게 유리하다.

2017년 시점에서 보면 미국에서 인터넷 텔레비전을 주도하고 있는 플랫폼들은 출판 모델이나 흐름 모델의 미디어 제작 원칙을 따르지는 않는다. 플랫폼들이 흐름 모델을 거의 채택하지 않기 때문에 플랫폼 대부분이 선형 편성 없이 운영되기 때문이다. 비록 플랫폼은 여전히 콘텐츠를 선별하고 조직해 내는 일을 해야 하지만[여기에서는 조성(*curation*) 으로 부른다], 한 번에 하나 이상의 콘텐츠가 사용 가능하다는 플랫폼 특성의 예와 같이 상대적으로 지상파나 케이블보다 제약이 덜하기 때문에 플랫폼이 가진 법칙과 전략은 지상파나 케이블 텔레비전이 가진 법칙과 전략과는 상당히 다르게 변화한다. 심지어 Watch ESPN이나, 트위치, 유튜브의 자동 재생 경험과 같은 일정 정도의 선형, 흐름 모델 경향을

---

23 Yannis Bakos & Erik Brynjolfsson(2000), "Bundling and Competition on the Internet", *Marketing Science*, Vol. 19, No. 1: 63~82.

유지하고 있는 플랫폼들도 동시에 아주 다양한 콘텐츠 시청 기회를 사용자에게 제공하고 있어서 콘텐츠 부족(*scarcity*) 시대24의 편성 운영과 관련된 전략들은 플랫폼에게 최적의 선택이 아닌 것으로 판명된다.

게다가, 출판 모델의 법칙에 반하여, 플랫폼의 기본 거래는 **묶음 상품**에 대한 사용권이고 하나의 특정 상품을 교환하는 것이 아니다. 따라서 콘텐츠 라이브러리 전체에 대한 사용권을 주면서 구독료를 받는 플랫폼들은 직불(*transaction*) 판매 기반인 출판 모델과도 상당한 차이를 보인다. 이런 이유로 대부분 플랫폼의 운용은 출판 모델의 법칙과는 아주 다른 차별성을 가지고 있다.

비선형 조성과 선형 편성의 차이

비선형성의 가용성으로 인해 나타나고 또 텔레비전 제작과 전송 비즈니스를 변화시킨 새로운 규약에서 원래의 가용성만을 분리하기는 쉽지가 않다. 하지만, 우리가 선형성이 없었던 미디어 산

---

24 〔옮긴이 주〕 콘텐츠 부족의 시대는 지상파 방송을 부족의 시대(*the era of scarcity*), 풍요의 시대(*the era of availability*), 과잉의 시대(*the era of plenty*)로 나눈 엘리스(John Ellis)의 콘텐츠 중심 구분법에 기반을 두고 있다. John Ellis(2000). *Seeing things: Television in the age of uncertainty*. I. B. Tauris.

업과 비교하면 비선형성의 광범위한 결과를 볼 수 있다. 기술적으로 수용능력 제한이 없는 서적 출판과 그 대척점에 있는 선형 텔레비전을 비교해 보면, 이런 비교를 통해 한 번에 하나의 텔레비전 프로그램만 보낼 수 있는 방송사의 전송제한성으로 선형 텔레비전의 조건들을 어떻게 체계화했는가를 알 수 있다. 하나의 채널은 하루 24시간 분량의 프로그램만을 제공할 수 있다. 이것으로 인해 어떤 날에 무엇이 '방영'될 수 있는가는 심각하게 제한된다. 따라서 한 번에 하나만을 선택해야 하는 채널의 역량, 또는 조건은 선형 텔레비전을 대부분 규정한다.

결과적으로 보면, 선형 텔레비전은 다음 두 가지 연관된 특성에 의해 규정된다. 수용능력 제한(제한된 수의 콘텐츠만 사용 가능)과 시간 한정성(특정 시간에 콘텐츠 사용 가능)이 그것이다. 이런 특성으로 인해 특정 프로그램 대신에 '텔레비전을 보는', 25 아니면 '텔레비전에서 뭐 하는지 보기 위해'26 텔레비전 앞에 앉는 등, 시청자가 공통적인 경향을 보이는 텔레비전 시청 규약이 발달하였다. 이런 행동과 기대는 텔레비전과 떼려야 뗄 수 없다고 오랫동안 믿어 왔던 콘텐츠 제한, 시간제한 등의 사용 제한성에서 비

---

25 〔옮긴이 주〕 네트워크 시대에 보통 "어제 텔레비전 봤어?"라고 묻는 것을 말한다. 개별 프로그램보다 텔레비전 미디어 자체가 소비되던 시대이다.

26 〔옮긴이 주〕 특정 콘텐츠를 선택하는 것이 아니라 방송사가 편성을 위해 선택한 것을 볼 수밖에 없는 상황이다.

롯되었다. 앞에서 텔레비전 관련 시청행태를 묘사한 관용어구는 시청자들이 텔레비전을 이해하고 경험했던 방식을 보여 주지만, 비선형 환경에서는 상관이 거의 없어진다.

선형 텔레비전의 특성으로 인해서 광고로 운영되는 텔레비전은 편성표를 결정하기 위해 가장 많은 시청자를 모을 수 있다고 믿어지는 콘텐츠를 선정해야 한다는 원칙이 기본이었다. 이 원칙에 익숙해진 수십 년 동안 이것은 자연스러운 것이 되었지만, 콘텐츠는 다른 조건들을 최우선시 할 수도 있었다. 콘텐츠를 가장 잘 만들거나, 가장 취약한 목소리를 대변하거나, 텔레비전 미디어가 가진 가장 최고 기대치를 보여 주는 것 등이다. 심지어 명확한 주 시청대상이 있는 케이블 채널에서 그 특정 시청층만을 위한 콘텐츠를 방송하는 것이 일반화된 경우에도 최다 시청자를 모을 수 있는 콘텐츠를 선택하는 것이 그 주 전략으로 유지되었다. 그 채널의 주 시청대상에 따라 여성이든, 어린이든, 스포츠팬이든 주 시청층 중 최다수가 프로그램 편성의 목표였다.

인터넷 텔레비전의 등장으로 편성 전략을 결정하던 희귀성 (*scarcity*) 이 사라지면 다른 전술이 나타날 계기가 된다. 비선형 전송으로 시간 특정성 (*time specificity*) 은 사라졌고 수용능력 제한도 상당 부분 줄어들었다. 물론 수용능력 제한이 비선형 전송사업자에게 전혀 없는 것은 아니다. 하지만 전송 부분에서 제한이 생기는 대신에 콘텐츠를 취득하는 비용이 주요 제한 이유가 되었다. 기술적으로 본다면 플랫폼은 어떤 콘텐츠라도 영원히 이용 가능하게 만들 수 있다. 하지만 현재의 비즈니스 모델에 따르면 아주 거대한 라이브러리를 구축하는 비용은 엄두를 내지 못할 정도로 엄청나다. 이 비용 제한점을 중심으로 생각해 본다면, 플랫폼은 콘텐츠를 선정할 때 어떤 전략을 주로 사용하게 될까?

초기 상태인 현재로 본다면 기존 텔레비전 양식으로 만들어진 콘텐츠를 전송하는 데 플랫폼이 두 가지 조성 전략을 사용하고 있음을 알 수 있다. 하나는 **수용자 전략**이고 나머지 하나는 **콘텐츠 수급 전략**이다. 간단히 말하면 특정 시청층이나 특정 시청자 취향의, 특히 기존 텔레비전이 충족시키지 못하는 틈새 시청자와 같은, 요구를 충족시키는 콘텐츠를 조성하는 수용자 전략이다. 예를 들면, 노긴(Noggin)[27]은 취학 전 아동을 위한 프로그램을 제공하는 플랫폼이다. WWE(World Wrestling Entertainment) 네트워크는 레슬링 팬이 좋아할 프로그램을 주 콘텐츠로 제공한다. 당연해 보일 수도 있지만, 가능한 한 많은 시청자를 모으기 위해서 편성표를 짜는 방송 시청자 전략과 비교하면 이 전략은 확연히 다르다.

---

[27] 〔옮긴이 주〕 노긴은 어린이 케이블채널인 니켈로디언(Nickelodeon)과 미국 공영방송 PBS의 어린이 대표 콘텐츠인 세서미 스트리트(Sesame Street)를 제작하는 세서미 워크숍이 공동으로 1999년에 출범시킨 브랜드로 케이블 채널이자 인터랙티브 웹사이트이다.

어떤 점에서는 케이블 채널의 특성이었던 특정 대상 시청자를 선정하는 전략이나 채널 브랜딩이 플랫폼 환경에서도 유지되고 적용될 수 있는 것처럼 보인다. 몇 가지 사례에서 공통점이 분명히 보이기는 하지만, 플랫폼은 비선형성을 무기로 이 전략을 월등히 더 깊게 사용할 수 있다. 채널 브랜딩은 프로그램이 많아진 환경에서 시청자들이 특정 채널에 '방송'되는 것이 무엇인지 알게 해준다는 점에서 가치가 있었다. 플랫폼은 비선형성으로 인해 케이블 채널 브랜딩보다 훨씬 더 심오한 브랜딩을 할 수 있게 되었다. 즉, 브랜딩을 적절히 하기 위해서 플랫폼은 편성표보다는 라이브러리를 만들 수 있다. 게다가 다수의 플랫폼이 구독료에 의존하면서 수익 모델이 달라져 플랫폼은 시청자의 세밀한 차이를 충실히 만족시켜 주어야만 한다. 실제로, 이런 점이 광고주에게 팔기 위해 어린이를 모으려고 노력하는 광고 기반의 케이블 채널 니켈로디언(Nickelodeon)과, 광고 없는 콘텐츠를 제공하면서 취학 전 아동의 부모로부터 월정액을 받고자 하는 노긴 사이에 발견할 수 있는 차이점이다. 28 브랜드로서 니켈로디언은 어린이용 프

---

28 물론 니켈로디언도 부분적으로는 구독자 지불로 운영되고 있다. 하지만 광고 지원을 어느 정도 중요한 요소로 삼고 있다는 것은 그 구조적 원리나 니켈로디언만 특정해서 구독할 수는 없고 전송사업자가 결정한 다수 채널 묶음 구독에 포함되어 있다는 사실 때문에 오직 구독자 지불 모델에 의존하고 있는 노긴과 차이를 더 크게 만드는 결과를 낳는다.

로그램을 시청할 수 있는 채널 중의 하나로 족하지만, 노긴은 구독료를 보상할 충분한 가치를 제공하여야 한다.

문화상품의 가치를 평가하는 것은 복잡해서 좀 더 깊은 이론적 논의가 필요하다. 그런 노력 중 하나로 비금전적 이익과 시장과 시장이 아닌 곳에서의 사용가치, 보존가치(*option value*), 존재(*existence*)와 증여(*bequest*) 가치, 중간(*instrumental*) 가치 등과 같은 요소의 종합으로 문화상품의 총가치를 찾으려 한다.[29] 문화상품의 가치를 이론화하기 위해서 특별히 어려운 점은 시청자들이 '예속적 합리성'(*bounded rationality*)을 가지고 있다는 것이다. 예속적 합리성이란 시청자가 문화상품에 대한 자신의 선호를 모른다는 의미이다.[30] 시청자가 자신이 선호하는 콘텐츠를 모르는 정도에 따라 다양한 시리즈를 소유하고 있는 라이브러리의 가치가 결정된다(선호하는 콘텐츠가 없거나 모르면 다양한 콘텐츠를 가지고 있는 라이브러리가 더 유리하고, 반대로 선호하는 콘텐츠가 정확하면 그런 종류의 콘텐츠만 제공하면 된다).

따라서 라이브러리의 규모는 플랫폼의 결정적 요소가 되지만 그 규모는 콘텐츠 구매 비용에 반비례한다.[31] 광고 기반 플랫폼

---

[29] Corey Allan, Arthur Grimes, & Suzi Kerr(2013), "Value and Culture: An Economic Framework", Wellington: Manatu Taonga-New Zealand Ministry for Culture and Heritage.

[30] Allan, Grimes, & Kerr, "Value and Culture", 8.

은 최대한 많은 콘텐츠를 소장하려고 한다. 이는 최대 수의 시청자를 유인하여 광고에 노출시키기 위해서이다. 시청자가 개별 상품을 사거나 대여하는 직불 모델에서도 판매자는 최대한 많은 목록의 콘텐츠를 제공하려고 하는데, 이는 수익이 판매된 상품의 수와 직결되기 때문이다.[32] 구독자 기반 서비스에는 시청자가 자발적으로 구독료를 낼 정도의 대가를 제공해야 한다는 조건이 있어서 케이블 텔레비전이 사용했던 선형 틈새시장 공략 전략 (linear niche targeting strategy)이 플랫폼의 비선형 경쟁 상황에서 똑같이 재현되지 않을 것이다. 플랫폼에서 배타성은 더 중요해진다. 월정액을 받기 위해서 구독자 기반 플랫폼들은 단지 시청할 만한 불특정 콘텐츠가 아닌 시청자들이 시청하기를 원하는 콘텐츠를 제공해야 한다.

넷플릭스와 같이 넓은 범위의 콘텐츠를 가지고 있는 플랫폼에

---

[31] 유튜브 같은 사이트들은 이런 극단적인 사례이다. 콘텐츠 구매를 하지 않기 때문에 유튜브는 예외적으로 큰 규모의 라이브러리를 제공할 수 있다.

[32] 여기에서, 이러한 상황은 음악 전송 플랫폼에서 분명히 보인다. 윅스트롬 (Wikstrom)이 발견하듯이 음악에서는 텔레비전에는 한 번도 존재하지 않았던 소유 모델 역사가 있다. 또한 텔레비전이 재시청되는 것보다 음악이 훨씬 더 많이 재청취되기 때문에 새롭게 등장하는 디지털 라이브러리 산업에서 각 매체의 특성에 따라 전략은 달라진다. Patrik Wikstrom (2012), "A Typology of Music Distribution Models", *International Journal of Music Business Research*, Vol. 1, No. 1: 7~20.

서는 이런 전략을 파악하기가 더 어렵다. 케이블 텔레비전의 브랜딩이라는 개념을 확장해서 본다면 넷플릭스의 '브랜드'는 무엇일까? 넷플릭스는 복합적(*multiple*) 취향 그룹을 대상으로 하는 콘텐츠를 소장하고 있고, 비선형성 덕분에 이 복합 취향 그룹들을 시청층으로 효과적으로 둘 수 있다. 심지어 넷플릭스를 아주 열심히 시청하는 소비자조차도 라이브러리의 작은 부분만을 사용하고 있고, 다른 어떤 콘텐츠를 사용할 수 있는지 잘 모를 수 있다. 내가 본 것을 바탕으로 넷플릭스 브랜드를 묘사한다면, 그것은 나와 취향이 달라 내가 시청한 콘텐츠와 완전히 다른 것을 소비하고 만족하는 열성적 시청자가 묘사하는 것과 아주 다를 수도 있다. 넷플릭스는 필터버블(*filter bubble*)[33]의 긍정적인 면을 잘 이용하고 있다. 따라서 다른 취향을 가진 시청자들은 이용하는 콘텐츠에 따라 아주 상이한 경험을 하게 되고, 각자가 생각하는 그들만의 넷플릭스 브랜드를 확인해 주는 방식이 된다.

그런 의미에서 몇몇 플랫폼이 구사하는 틈새 전략을 수정하여 넷플릭스는 '복합 틈새'(*conglomerated niche*) 전략을 추구한다. 이 회사는 다수의 시청자에게 서비스를 제공하지만, '대중'(*mass*) 전

---

33 〔옮긴이 주〕 filter bubble이란 인터넷 환경에서 과거 선호 콘텐츠를 기록하고 분석하는 데이터 알고리즘에 의하여 소비자 자신의 취향이나 신념과 같고 이를 강화하는 정보나 콘텐츠만 지속적으로 소비하는 상황을 뜻한다.

략과는 완전히 다르다. 이 회사는 넷플릭스 시청자 모두가 좋아할 것을 기대하면서 어떤 시리즈를 구매하거나 기획하지 않는다. 특정 부류의 구독자만을 소구하면서 콘텐츠를 개발한다. 방송 채널이 규모 경제를 이루기 위하여 복합적 수용자를 대상으로 하는 데 효과적이지 못했던 까닭은 선형성이 가진 시간 특정성과 용량 제한 때문이었다. 이런 요인이 제거됨에 따라 이런 대중 맞춤 (mass customization) 34 전략이 가능하게 된 것이다. 35 네트워크 시대를 기준으로 넷플릭스를 비유하자면, 넷플릭스는 채널이 아니고, 미디어 복합 기업(conglomerate)이다. 넷플릭스는 니켈로디언과 유사한 것이 아니라, 니켈로디언과 제작 스튜디오, 방송사를 모두 소유한 바이어컴(Viacom)과 같다.

이런 복합 틈새 전략으로 넷플릭스는 서로 다른 취향을 만족시키기도 하지만 동시에 큰 규모에서 생기는 혜택도 보고 있다. 구독자가 보이는 서로 다른 취향은 어떤 것이 있을까? 넷플릭스의 임원만이 이 취향에 대해서 알고 있을 것이다. 아마존 비디오가

---

34 〔옮긴이 주〕 다양해진 개인 취향에 맞추어 다양한 상품을 대량 생산하는 체제.
35 어떤 선형 채널들은 이런 전략을 시도해 보았다. 예를 들면 카툰 네트워크는 낮에는 청소년 시청자들을, 심야시간에는 어덜트 스윔(Adult Swim)이란 브랜드를 가지고 성인용 프로그램을 편성한다. 다른 케이스를 보면 스파이크 (Spike) 채널은 황금시간대에는 전통적 남성상 브랜드를 강조하지만, 많은 일과 시간대에는 CSI처럼 지상파 재방송 프로그램들을 편성하여 광범위한 시청자들을 주 시청층으로 두고 있다.

목표하는 틈새 그룹 중 두 그룹은 '코미콘(Comic-Con)36에 가는 사람들'과 'NPR37을 듣는 사람들'이다. 38 그리고 자녀를 둔 부모 또한 아마존 비디오의 대상층이다. 이와 같은 아마존의 대상층 결정에서 중요한 것은 대중 전략(mass strategy)과는 같지 않다는 사실이다. 넷플릭스는 규모 경제를 만들어 내어 경영 효율성을 창출하지만, 넷플릭스가 모든 구독자에게 똑같은 것으로 여겨져서 그렇게 큰 규모를 만드는 것은 아니다.

중요하게 짚고 넘어갈 것은 넷플릭스를 포함하여 복합 틈새 전략을 사용하는 서비스가 각각의 소비자에게 서로 다른 서비스를 제공하고(다른 서비스를 받고 있다는 것을 인지하지도 못한다), 게다가 그것을 효과적으로 할 수 있는 까닭은 비선형성 특성 덕분이라는 점이다. 넷플릭스의 조성 전략은 대량 맞춤에 기반을 두고 있으며, 넷플릭스의 마케팅과 구독자를 위한 추천 시스템은 고도로 개인화되어 있다. 텔레비전 비평가 앨런 세핀월(Alan Sepinwall)과 한 인터뷰에서 넷플릭스의 콘텐츠 최고 책임자인 테드 사란도

---

36 〔옮긴이 주〕 Comic Book Convention을 줄여 부르는 말로, 만화와 관련된 콘텐츠를 전시하는 박람회이다.
37 〔옮긴이 주〕 미국의 공영 라디오. 리버럴하고 엘리트적인 성격을 가진다.
38 샬럿 하월이 Amazon Studio의 캐롤린 뉴먼(Carolyn Newman)을 인터뷰 한 내용. 2015년 1월 13일. Charlotte Howell(2016), "Divine Programming: Religion and Prime-Time American Television in the Post-Network Era", PhD diss., The University of Texas at Austin.

스(Ted Sarandos)가 설명한 것을 정리하면 다음과 같다. 넷플릭스가 구독자 모두의 초기 화면을 새로 출시한 콘텐츠로 도배하지 않는 이유는 이 콘텐츠에 맞지 않는 사람이 그것을 시청하고 나서 부정적인 입소문을 퍼뜨리는 것이 넷플릭스에 가장 나쁜 결과이기 때문이다. 39 좋아할 만한 사람에게만 특정 프로그램을 마케팅하는 이런 선별성은 지상파 방송의 대중 전략(*mass strategies*)에는 전혀 찾아볼 수 없지만, 비선형 전송에서는 가능하기도 하고 또 효과적인 수단이 된다. 물론 넷플릭스가 이렇게 할 수 있는 또 다른 이유는 넷플릭스가 수집, 독점하고 있는 구독자 취향 데이터 덕분이기도 하다. 이런 데이터 또한 인터넷 전송이 가져다주는 또 하나의 가용성이다.

넷플릭스 콘텐츠 중에서 특정 하위 그룹 콘텐츠가 많이 회자되고 주의를 끌기도 하는데 그 이유는 이 하위 그룹 콘텐츠가 비평가와 같은 여론 주도층의 문화와 취향이 거의 일치하기 때문이다. 하지만 여러 계층의 구독자가 있다는 증거가 가끔은 드러나기도 한다. 예를 들어, 넷플릭스의 최고 경영자 리드 헤이스팅스(Reed Hastings)는 넷플릭스 오리지널 공포물인 〈헴록 그로브〉

39 Alan Sepinwall(2016. 1. 26), "Ted Talk: State of the Netflix Union Discussion with Chief Content Officer Ted Sarandos", HitFix, http://www.hitfix.com/whats-alan-watching/ted-talk-state-of-the-netflix-union-discussion-with- chief-content-officer-ted-sarandos.

〈Hemlock Glove〉가 넷플릭스에서 최초 공개된 직후 보기 드물게 사용자 데이터를 공유하면서, 화제가 되고 있던 〈하우스 오브 카드〉(House of Cards) 보다도 〈헴록 그로브〉를 시청한 구독자가 더 많았다고 밝혔다.[40] 비슷한 사례로 아담 샌들러(Adam Sandler)와 넷플릭스가 영화를 여러 편 제작하기로 했다는 발표가 나왔을 때, 넷플릭스 콘텐츠 가운데 '미국 공영라디오방송'(NPR) 류 프로그램 때문에 구독하던 사용자 대부분은 충격 속에서 침묵을 지켰다. 하지만 2016년 8월에 한 인터뷰에서 테드 사란도스가 밝힌 바에 따르면, 샌들러가 제작한 영화 모두 개봉과 함께 넷플릭스가 진출한 모든 시장에서 시청순위 1위를 하였고, 특히 영화 〈더 두 오버〉(The Do-Over)는 공개된 지 거의 3개월이 지난 후에도 여전히 시청순위 10위권에 있었다.[41] 만약 이것이 사실이라면 이런 데이터는 복합 틈새 전략이 먹히고 있다는 것을 보여 준다.

물론 플랫폼 사용 경험에서 주요한 요소는 콘텐츠를 추천하고 관심에 맞는 프로그램을 시청자가 찾도록 도와주는 장치(mechanism)에서 나온다. 플랫폼 경험은 테드 스트리파스(Ted Striphas)

---

40 Sean Ludwig(2013. 4. 22.), "Netflix Says More People Watched Hemlock Grove on First Weekend than House of Cards", http://venturebeat. com/2013/04/22/netflix-hemlock-grove-first-weekend/.

41 *The Hollywood Reporter*(2016. 10. 10.), Full TV Executive Roundtable, http://www. hollywoodreporter. com/video/watch-thr-s-full-tv-918281.

가 말한 "알고리즘 문화"(*algorithmic culture*)를 통해 만들어진다.42 같은 맥락에서 제레미 웨이드 모리스(Jeremy Wade Morris)는 "인포미디어리"(*infomediaries*)가 등장하고 있다고 지적하였다. 인포미디어리는 수용자가 만나게 되는 문화상품을 구성해 주는 회사로, 디지털 기술을 통해 전송되는 미디어를 구동하는 데 점점 더 중요한 역할을 하게 된다.43 넷플릭스는 큰 규모에도 불구하고, 알고리즘과 인포미디어리를 중용하면서 대량 맞춤이 가능해졌고, 시청자 측면에서 개인화된 것처럼 보이는 경험을 제공할 수 있게 되었다.

플랫폼이 지닌 가치의 대부분은 플랫폼이 자사 라이브러리에서 독점 소유하고 있는 콘텐츠에서 나온다. 독점성은, 비록 오랫동안 텔레비전 편성의 도구였지만, 구독자 기반 플랫폼 환경에서 훨씬 더 전략적으로 유용하게 사용된다. 통상적으로 일정 시간 동안 한 채널이 독점권을 소유하는 선형 텔레비전 규범과 달리 구독자 기반 플랫폼은 어떤 콘텐츠를 시청하고 싶은 사람이 이 플랫폼 서비스를 구독하지 않을 수 없게 하는 효과적인 수단으로 오리

---

42 Ted Striphas(2015), "Algorithmic Culture", *European Journal of Cultural Studies*, Vol. 18, no. 4: 395~412.

43 Jeremy Wade Morris(2015), "Curation by Code: Infomediaries and the Data of Mining Taste", *European Journal of Cultural Studies*, Vol. 18, no. 4 - 5: 446~463.

지널 시리즈 판권을 구매한다. 이는 콘텐츠를 방송 즉시, 또는 최대한 일찍 시청하려는 시청자로부터 더 많은 경제적 가치를 뽑아내는 데 주력했던 선형 텔레비전의 통상적인 가격차별화 전략과는 다른 것이다. 이런 선형 텔레비전 전략은 불법적인 콘텐츠 사용이 바로 가능해지면서 방송 산업이 인위적으로 만들어 낸 희소성이 감소하게 된 기술적 환경에서는 그 유용성이 떨어진다.

콘텐츠 독점 전략과 연관된 다른 요인은 비선형 플랫폼이 틈새 전략을 극대화할 수 있도록 여러 도구를 사용하는 방식이다. 정보 과학자 스미스(Michael D. Smith)와 텔랑(Rahul Telang)은 다음과 같이 설명한다.

아마존과 넷플릭스가 보여 주는 이런 과정은 **선택**과 **만족**에 의존한다. 여기서 선택은 수용자가 광범위한 콘텐츠를 사용할 수 있게 하는 조화로운 플랫폼을 만드는 것을 의미하며, 만족은 데이터와 추천 엔진, 시청자 리뷰를 사용하여 고객이 많은 콘텐츠를 가려내고 그들이 시청하고 싶을 때 그들이 소비하고자 하는 종류의 적정 상품들을 발견할 수 있게 도와주는 것을 뜻한다. … 이 플랫폼들이 이것을 할 수 있는 이유는 콘텐츠를 진열할 선반 공간과 홍보 가능성이 더 이상은 희소한 자원이 아니기 때문이다. 이 모델에서 희소한 자원은, 그리고 기업 간에 경쟁 대상이 되는 자원은, 완전히 다른 자원들이다. 그 자원은 소비자의 콘텐츠에 주목하는 것과

그들의 선호도에 대한 이해이다. **44**

　비선형성이 가지는 가용성으로 인해 시청자 경험은 변화한다. 그러나 데이터 수집이 가능해짐에 따라 생기는 가용성으로 인해 플랫폼이 그들의 라이브러리를 개발하고 조성하는 데 사용할 전략 또한 변화한다.

　지금까지 논의한 플랫폼 콘텐츠 조성을 위한 수용자 전략과는 완전히 별개로, 플랫폼은 프로그램 콘텐츠 구매 비용이 제한되어 있어서 자사 소유(*self-owned*) 콘텐츠를 차용하는(*leverage*) **45** 콘텐츠 구매전략을 사용한다. 플랫폼 라이브러리가 가진 주요 한계점은 플랫폼이 프로그램을 구매하거나 제작하는 데 사용할 자금이기 때문에, 지금까지 성공한 대부분의 플랫폼이 이미 자사 소유한 다량의 콘텐츠를 가지고 서비스를 시작할 수 있었던 곳이라는 사실이 놀라운 일은 아니다. 출범할 때부터 라이브러리에 조성되었던 이런 콘텐츠는 제공될 콘텐츠를 대부분, 혹은 전부 소유하고 있는 플랫폼의 모기업에 의해 제공되었다. 가장 좋은 예는 내가 3장에서 다룰 '스튜디오 플랫폼' CBS 올 엑세스(CBS All

---

44 Michael D. Smith & Rahul Telang(2016), *Streaming, Sharing, Stealing: Big Data and the Future of Entertainment*, p. 75, Cambridge: MIT Press.

45 〔옮긴이 주〕 leverage란 소유 콘텐츠를 대여하는 대신에 손해를 무릅쓰고 스스로 이용한다는 의미에서 '차용'으로 번역했다.

Access)이다. CBS 올 엑세스에서 시청할 수 있는 모든 콘텐츠는 CBS 프로덕션(CBS Productions) 소유이다. 비록 현재는 CBS 방송 채널에서 이미 방송된 프로그램을 다시 시청하는 형식으로 이 서비스를 집중해서 마케팅하고 있지만, 이 플랫폼은 이 외에도 상당한 콘텐츠를 소장하고 있다. CBS는 라이브러리를 다른 서비스에서 이용할 수 있도록 판매하기보다는 자사 소유 플랫폼을 통해서 CBS 콘텐츠를 전송하면서 직접 이윤을 챙기려는 의도를 가지고 있다. 특히 사용자가 이 서비스를 이용하면서 생성시킨 데이터를 모아서 자사 콘텐츠가 가진 가치를 파악하는 중요한 통찰을 할 수 있다는 것이 스튜디오 플랫폼이 가진 중요한 이점이다.

자사 소유 콘텐츠를 사용한다고 해서 그것으로 플랫폼 콘텐츠를 모두 채울 필요는 없다. 코미디 장르 플랫폼인 시소는 콘텐츠 대부분을 모회사 NBC 유니버설(NBC Universal)에서 조달하지만, 브랜드를 더 분명히 하고 구독자에게 충분한 대가를 돌려주기 위하여 다른 회사로부터 콘텐츠를 매입하기도 한다. 심지어 공동 소유 제작사(co-owned studio)로부터 일부 콘텐츠를 빌려 사용할 수 있는 능력만으로도 플랫폼은 가치 있는 유연성을 가질 수 있다.

물론, 수직 집중(vertical integration)이 플랫폼들만 쓰는 전략은 아니다. 수직 집중은 2000년대 초반부터 선형 텔레비전에서도 중요한 전략이 되었다. 이것이 플랫폼 경영에서는 라이브러리를 구축하기 위해서 더 중요한 가치를 가지게 되었다고 말할 수 있다. 용량 제한이 사라지면서 플랫폼이 가지는 가치는 브랜드에 맞는 콘텐츠(on-brand content)를 얼마나 많이 소유하였는가와 긴밀하게 연관되어 있기 때문이다. 자사 소유 콘텐츠를 사용함으로써 플랫폼은 출범과 동시에 구독자를 모집하기에 알맞은 가치제안을 할 수 있게 된다. 그리고 구독자가 꾸준히 지불한 구독료는 장기적으로는 라이브러리 확장을 위한 자금원이 된다.

　비선형 텔레비전이 수용자들에게 제공하는 또 하나의 대가는 편리함인데, 편리함은 그 자체만으로도 다른 어떤 콘텐츠 전략보다 중요할 수 있다. 시청자가 넷플릭스를 구독하는 이유를 보고한 한 연구에서 사용자의 82%는 "프로그램의 주문형 스트리밍이 가진 편리함 때문"이라고 답했고, 62%는 "가격 효용성", 54%는 "스트리밍 가능한 대규모 콘텐츠 라이브러리" 때문이라고 답했다. 다시 말하면, 콘텐츠는 구독 이유로 세 번째밖에 되지 않는다. 이용 동기에 대해서 50%는 복수기기 사용 가능성을, 37%는 어린이용 프로그램을 이유로 답했고, 23%는 오리지널 프로그램 때문에 넷플릭스를 이용한다고 답했다. **46** 이와 같은 데이터

---

46 Statista(2015), "Leading Reasons Why Netflix Subscribers in the U. S. Subscribed to Netflix as of January 2015"; data reported in eMarketer from a Cowan & Company study, methodology not specified; http://www.statista.com/statistics/459906/reasons-subscribe-netflix-usa/.

는 비선형 전송이 그 자체로서 가지고 있는 가치를 잘 보여 준다.

비선형은 동시에 새롭게 풀어야 할 숙제를 주기도 한다. 선형 전송에서 성공 계산법은 아주 분명했다. 그것은 얼마나 많은 시청자가 방송 시간에 맞춰 시청하는가 하는 것이었다. 플랫폼 라이브러리에서 어떤 콘텐츠의 가치는 그렇게 빨리 결정되지는 않는다. 비록 넷플릭스 오리지널 프로그램을 평가할 때는 공개 후 한 달간 시청 수를 보려 하지만, 즉시성(*immediacy*)에 기반한 이런 측정은 콘텐츠 가치의 아주 일부만을 평가하는 것이다. 경제학자 리처드 케이브스(Richard Caves)가 '장기성'(長期性, *ars longa*)[47]요소 (*property*)라고 표현한 원칙에 따라 오랫동안 텔레비전 콘텐츠는 운용되어 왔다. 즉, 수익구조의 긴 곡선은 텔레비전 수익을 장기적인 것으로 만든다.[48] 선형 서비스만 있던 과거이든 상황이 바뀐 지금이든, 텔레비전 시리즈 수익의 많은 부분을 그 시리즈가 제작된 지 수십 년 뒤에 얻을 때도 있다. 〈프렌즈〉(*Friends*)나 〈사인펠드〉(*Seinfeld*)와 같이 신디케이션 시장에 판매되는 프로그램은 제작을 중단한 지 20년이 지난 다음에도 계속해서 소유권을 가진 제작사에 상당한 이윤을 가져다준다. 따라서 플랫폼 라이브러리

---

47 〔옮긴이 주〕 ars longa, vita brevis. '예술은 길고 인생은 짧다'란 격언에서 나온 말이다.

48 Richard E. Caves(2000), *Creative Industries: Contracts Between Art and Commerce*, pp. 8~9, Cambridge: Harvard University Press.

가 영구 소유하고 있는 콘텐츠의 가치는 가용한 총시간을 고려해 측정되어야 한다.

전략과 기능 측면에서도 플랫폼은 특유의 비선형성 법칙을 이용한다. 구독료에 대해 상당 부분을 할애한 이 장의 마지막 부분에 이어서 이 책은 이제 더 연구가 필요한 수익 모델에 더 특별한 관심을 가지고 미에지가 연구한 흐름, 출판, 활자언론 모델에 더해 구독자 모델을 좀 더 탐구하고자 한다. 구독자 모델에 관심을 기울이는 이유는 시장에서 플랫폼이 이 모델을 가장 많이 사용하기 때문이다.

2

또 하나의 문화 제작 모델,
구독 모델

인터넷 전송으로 인해 나타난 비선형 가용성 덕분에 플랫폼이 흐름 모델로부터 독립할 수 있었다는 사실을 밝히는 이론적 논의에 더해서, 인터넷 전송과 함께 등장한 다른 규약을 이해하면 텔레비전 산업에서 나타나는 교환 경제에 대한 새로운 전략과 방법을 발견할 기회 또한 얻을 수 있다. 인터넷 텔레비전의 비선형 전송과 이 전송 형태가 가진 주문형(on-demand) 본질이라는 차이점을 생각하면, 선형 텔레비전 환경에서 성공적이라 증명되었던 많은 전략은 재고될 필요가 있다. 선형 텔레비전에서 보이던 전략의 대부분은 편성과 관련되어 있었기 때문이다. 선형 전송 환경에서 동시 시청은 필요조건이었고, 시청시간 적시성(timeliness)은 텔레비전과 관련된 모든 것에 적용되는 구조적 규약이었다.

지상파 방송은 기술적 한계로 편성 기본 규약을 필수로 가지고 있었고, 이것은 특히 광고라는 형식과 잘 부합했다. 그 이유는 시청자들이 콘텐츠의 흐름을 통제할 수 없었고 이로 인해 광고주가 시청자를 사로잡아 메시지를 강제 소비시킬 가능성이 컸기 때문이다. 인터넷 전송이 가능하게 한 콘텐츠 풍요와 스스로 찾아서 시청할 수 있는 시청자 능력이라는 특징은 지상파와 케이블 방송 전송기술에 맞춰 개발된 기존의 광고 규범을 난관에 빠뜨렸다. 광고에 가격을 책정하여 판매하고, 광고 메시지에 시청자가 노출된 정도를 측정하는 전통적인 관행이 비선형 전송이 가능케 한 전혀 다른 경험에서는 효과적이라고 증명되지 않았다. 특히 전문적 수준의 콘텐츠를 제작하기 위한 예산을 고려하면 더 그러하다. 심지어 인터넷 텔레비전 산업 밖에서도 시청자가 이미 익숙해져 있는 광고 메시지 전달방식과 시청행태를 환산하는 정당한 평가 방법은 여전히 개발 중에 있으며 소셜미디어 플랫폼 간에도 이 방식과 평가에 대해 일관성을 보이지 않고 있다. 예를 들면, 컴캐스트(Comcast)의 엑스피니티(Xfinity) 서비스와 같이 케이블 서비스가 운용하면서 광고에 의존하는 주문형 비디오 서비스는 부분적으로 광고에 기반하는 비선형적 편성을 이해할 사례가 될 수는 있지만, 이런 환경에 완전히 부합하는 관행은 아직 정착 초기 단계이다.[1]

이전 몇 가지 사례가 있기는 하지만, 지금까지 미디어 환경에서는 구독자 지불 수익 모델이 광고 수익의 보조 역할을 하는 형태가 대부분이어서 구독자 지불 미디어를 개념적으로 정리하는 데는 한계가 있다. 미국에서 '구독'이 미디어 수용자에게 가장 일반적인 분야는 잡지업계이다. 극소수를 제외하면 잡지의 대부분은 구독자가 구독료를 조금 지불하기는 해도, 광고가 주 수입원이다. 조금이라도 광고에 의존하는 상황에서는 광고가 전략에 강한 영향을 미치기 때문에 광고와 구독료에 이중으로 수입을 의존하는 미디어는 광고 기반 미디어의 법칙을 대체로 따르게 된다. 동시에 '구독'이라고 하면 미국 수용자들은 케이블이나 전화, 인터넷 서비스를 떠올릴 수도 있다. 이런 잡지와 기타 서비스 중 어떤 것도 이 책에서 초점을 두고 있는 구독자 지불 서비스에 관해 설명해 주지는 않는다. 케이블 가입이 이 중에서 가장 가까운 모델로, 케이블에 가입하고 월 사용료를 내면 케이블 채널을 시청할 수 있게 된다. 하지만 대부분의 케이블 채널은 광고에 기반을 부분적으로 두고 있다. 이 중에서 HBO와 쇼타임, 시네맥스, 스타즈 등은 순수 구독자 지불을 가지고 있어 가장 정확한 선례가 된다.

따라서 순 구독자 수익 모델(*subscriber-only revenue model*)이 인

---

1   〔옮긴이 주〕 최근에 광고 기반 서비스에 대한 논의는 다방면으로 지속되고 있다. 넷플릭스가 2022년 초 광고 도입을 고려하고 있다고 발표를 한 것이 한 예이며, FAST(Free Advertisement-supported Streaming TV)가 또 다른 예이다.

터넷 전송 미디어 사이에서 점점 더 일반적인 것으로 자리를 잡으면서 인터넷 전송으로 나타난 가용성이라는 차원에서 구독자 지불 미디어와 그 사용 특징을 이론적으로 살펴보는 게 필요해진다. 묶음 상품에 대한 사용을 허가하면서 온전히 구독자에게 구독료를 받는 모델은 일반적으로 거의 찾기가 힘들어서 엄밀한 이론화는 힘들다. 비록 이 모델의 근원을 찾으면, 1700년대 순회도서관(*circulating libraries*)2에 있지만, 라이브러리 사용권 모델(*subscription for library access model*)을 사용한 실제 사례는 거의 없어서 이런 모델을 사용한 미디어에 대한 이론화는 제한적이다. 순회도서관은, 1980년대의 비디오 대여점과 함께,3 현재의 미디어 비즈니스 모델 중 하나인 플랫폼의 구독자 지불 모델의 전조이다. 구독자 수익은 최근 부상하는 음악 스트리밍 서비스에도 주요한 수입원이다. 각 미디어가 가지고 있는 특수한 요소가 이런 전체적인 맥락에서 서로 다른 움직임을 만들어 내지만, 그럼에도 불구하고 연관된 탐구 영역을 만들어 낸다.

신문과 잡지 같은 인쇄 상품의 '구독'은 지난 세기 동안 일반적

2　Richard Roehl & Hal R. Varian(2001), "Circulating Libraries and Video Rental Stores", *First Monday*, Vol. 6, no. 5-7, http://pear.accc.uic.edu/ojs/index.php/fm/article/view/854/763.

3　소유 콘텐츠에 대한 무제한 사용권을 주면서 정기 요금을 받은 대신, 비디오 대여점은 보통 편당 대여료를 받았기 때문에 순회도서관이 더 좋은 전례이다.

인 모델이 되었지만, 이 거래 또한 플랫폼이라는 맥락에서 보면 특이하다. 미에지는 이 상품들이 활자언론(*written press*) 모델 내에서 생산되었고 궁극적으로는 흐름 모델과 유사하다고 생각하였다. 그렇게 본 이유는 우선 광고가 주 수입 모델이고, 이들 상품의 정기적인 제작과 배포, 이를 위해서 수반되는 안정적인 생산 기반은 흐름 미디어의 편성 기능과 닮았기 때문이다. 이에 더해 미디어 상품을 구독하는 행위는 일반적으로 특정 출판물을 구독하는 것으로 극히 제한되어 있어서, 대부분 플랫폼이 폭넓은 콘텐츠를 제공하는 것과는 다르다. 마지막으로 신문과 잡지에는 광고가 여전히 주요한 수익원으로 남아 있어서 이 미디어에서 콘텐츠가 선별되는 실제 행위는 구독자 지불에 전적으로 의존하는 서비스와는 전혀 다른 전략에 의해 결정된다.

지금까지 구독을 이론화하려는 연구 중에서 가장 주목할 만한 작업은 라크로와(Lacroix)와 트렘블레이(Tremblay)가 1997년에 시험적으로 제안한 '클럽 모델'이 있다. 이 연구는 1990년대에 광범위하게 발달한 케이블 시스템과 같은 구독자 지불 미디어의 특징적인 법칙을 발견했다는 점에서 중요하지만 광고 모델과 구독 모델 간의 차이를 명확하게 보여 주지 않는다. 게다가 이들이 연구한 모델은 (적어도 내가 읽은 번역본을 기준으로 판단한다면) 지나치게 광범위하며, 특히 수익 모델이 여럿 포함되어 있어서 크게 도움이 되지는 않는다. 케이블 방송과 이와 연관된 가용성에 관해 쓰면서, 라크로와와 트렘블레이는 "네트워크 발전과 동시에 개발된 클럽 법칙은 포섭된(*hooked up*) 사람들, 즉 월정액을 내는 사람들에게 다음 두 가지를 함께 제공한다. 먼저 광고 또는 구독료, 편당 구매료를 바탕으로 구입한 프로그램과 소비자가 … 물질적 지원으로 재생산할 수 있는 상품과 서비스이다"4 라고 했다. 이들의 연구가 의미 있는 이유는 이전에 논의된 모델을 개선해야만 이해할 수 있는 새롭게 변화하는 전송기술을 다루었기 때문이다. 또한 미디어 콘텐츠 구매 방식으로서의 케이블 방송 구독이 가진 고유한 특징을 깊이 고찰하기 시작했기 때문에 라크로와와 트렘블레이의 연구는 주목할 필요가 있다. 적어도 미국 내 케이블 방송 구독 모델에서는 케이블 텔레비전 서비스가 구독 기반 플랫폼과 비견할 정도로 콘텐츠 조성 역할을 하지는 않는다. 케이블과 위성 방송 서비스 제공자들은 조성이나 편성 같은 역할에는 거의 참여하지 않았고, 인터넷서비스 제공자가 그런 것처럼, 플랫폼으로서 콘텐츠 공급자와 시청자를 연결시켜 주는 통로 기능을 케이블과 위성방송이 한다고 보는 것이 더 정확하다. 게다가 케이블 방송 구독으로 제공되는 콘텐츠는 거의 광고에 의존하기 때문에 광고의 법칙이 케이블 프로그램 제작을 좌지우지하였다.

구독자 지불 플랫폼의 가장 분명한 전조는 HBO와 쇼타임이

4   Lacroix & Tremblay, "The Emergence", 63.

제공한 것과 같은 선형 텔레비전 서비스 내 구독자 지불 모델이다. 비즈니스 모델 측면에서는 비슷하지만, 이들조차도 선형 전송에서 파생된 제한적 접근으로 플랫폼과는 차이가 있다. 선형으로 전송되는 HBO와 쇼타임의 경우와 같이 플랫폼 구독자들은 구독자 지불 인터넷 전송 플랫폼의 가치를 개인적 취향과 맞는 콘텐츠가 있는가에 기반하여 판단한다. 플랫폼이 광고 기반 환경에서 시청자들이 누릴 수 있는 것보다 상당히 우월한 가치를 보여줄 때만 구독자들은 지불의사를 보일 수 있다. 이 서비스들은 자사의 가치 실현 가능성(*value proposition*)[5]을 높이기 위하여 선형 편성을 넘어서는 다관동시상영(*multiplexing*)이나 주문형 비디오(*cable on demand*) 등과 같은 기술들을 결과적으로 도입했다. 소수의 예외를 제외하면 선형구독자 지불 텔레비전 서비스는 텔레비전 생태계에 아주 작은 부분이라서 이 비즈니스 모델이 깊이 있게 탐구되지는 않았다.[6]

여기에서 나는 미에지나 플리시, 라크로와, 트렘블레이와 같

---

5 〔옮긴이 주〕 value proposition, 보통 가치제안이라고 번역되는 듯하다. 시청
.   자에게 일정 가치를 제안, 설명하고 구독을 받으려고 하는 것이라 좀 더 구체
    적인 가치 실현 가능성이라 번역한다.

6 Amanda D. Lotz (2005), "If It's Not TV, What Is It? The Case of U. S.
   Subscription Television", in *Cable Visions: Television beyond Broadcasting*,
   Sarah Banet-Weiser, Cynthia Chris, & Anthony Freitas ed. , New York:
   New York University Press.

은 프랑스어권 미디어 산업 학자들이 시도한 것을 확장해서 미디어 기업 운영의 '구독자 모델'을 제안하려고 한다. 좀 더 명확히 말하자면, 나는 인터넷 전송 플랫폼들이 보이는 구독자 모델의 특성을 발견하여 특정 맥락에 적용하려 한다.

구독자 모델로 운영되는 미디어의 주요 차별점은 흐름이나 더 나아가 활자언론과는 달리 구독 모델 기업들은 광고에 좌우되지 않으며, 출판 모델에서 개별 상품이 구매되는 것과는 달리 시청자는 일군의 상품에 대한 사용권을 구매한다는 것이다. 설명한 것처럼, '구독자 모델'이 인터넷 전송에만 특정된 것은 아니다. HBO가 아직까지 선형 스케줄에 고정되어 있었던 시대에 HBO에 나타난 법칙과 전략들을 설명하기 위해서 이 모델이 만들어졌을 수도 있다. 결과적으로 이 모델 개발은 HBO와 쇼타임 같은 구독자 지불 선형 텔레비전을 이해하는 데 이바지를 했다. 마찬가지로 이 모델 개발은 인터넷 텔레비전 플랫폼의 상황에 의존하지만 스포티파이(Spotify)나 판도라(Pandora) 같은 다양한 구독자 지불 음악 서비스와도 여러 공통점을 찾을 수 있다. 구독자 지불 미디어를 설명하기 위한 모델을 깊게 탐구하는 것이 필요한데, 그 이유는 인터넷 전송 플랫폼의 초기 단계에 이 모델이 지배적으로 나타났기 때문이다.

수익 모델을 제외하면 구독자 모델은 미디어 산업에 일반적인 관행이었던 묶음 판매에 의존한 다른 미디어 지불과는 다르다.

신문이나 잡지의 기사 묶음이나 앨범을 만들기 위한 노래 묶음과 같은 디지털 시대 이전 미디어 소비에서의 묶음 판매 특성은 대개 물리적 상품(physical goods)의 생산 및 전송 경제에서 비롯되었다. 한 물리적 상품을 유통하려면 규모의 경제가 중요하기 때문에 상품의 생산비용을 맞추기 위해서 미디어를 집적하는 것이 필요했다. 인터넷 전송은 물리적 상품 판매에 필요했던 그런 제한을 없앴고, 시청자들이 개별 상품을 이용하고 싶어 함에 따라 앨범에서 노래를, 신문에서 기사를 분리해 버렸다.

아이튠즈(iTunes)나 아마존과 같은 소매 판매사가 개별 시리즈를 판매하는 것과 반대로, 플랫폼이 가지는 일련의 콘텐츠에 대해 묶음 사용권 전략들은 서로 연관성이 있지만 차별성도 존재하는 것으로 증명되었다. 물리적 상품의 경우와 같이 기능적으로 상품 판매를 효과적으로 만들기 위해서 거래의 경제가 묶음을 필수로 하는 것은 아니다. 오히려 라이브러리에 상품을 묶어 두고 판매하는 플랫폼의 전략은 구매자의 상이한 취향과 새로운 콘텐츠를 시도할 때 발생하는 비용에 대한 수용자의 위기 회피, 그리고 단품 판매에 투입되는 마케팅 비용 등을 고려한 결과이다.

바코스와 브린욜프슨의 연구는 '정보 상품'에 초점을 맞추지만, 플랫폼이 텔레비전 오락물을 전송하는 비즈니스 관행 중의 하나로 묶어팔기(bundling)를 설명하는 데 도움을 준다.[7] 그들의 분석은 아주 낮은 한계비용[8]이 있는 상품에 새롭게 나타나는 관행들을 설명하고 묶어팔기가 '모음의 경제'(*economies of aggre-gation*)를 만드는 방식을 설명하려 한다. 비록 이들의 모델이 플랫폼이 가진 상황을 완전히 설명하지는 않지만 — 특히 지적재산을 스스로 생산하는 판매자의 동학 — 그들의 분석 중 두 가지는 연관성이 깊다. 개별 판매보다 묶음 판매가 가치가 있는 것은 단일 제품에 비해 일군의 제품에 대한 소비자 가치를 예견하는 데 묶어팔기가 더 효과적이기 때문이다. 이렇게 향상된 예측력은 이어서 시청자 취향에 대한 데이터를 광범위하게 수집할 수 있는 능력과 함께 즉각적으로 상품들로부터 더 많은 가치를 얻을 수 있는 예측력을 더 많이 만들어 낸다. 여기에서 작은 규모의 묶어팔기 기업보다 큰 규모의 묶어팔기 기업이 더 유리하다. 스미스와 텔랑은 소비자를 위한 묶어팔기 전략에 대해서 묶음이 크면 클수록 소비자는 편리하며, 따라서 지불의사는 높아진다고 밝혔다. 9 따라서 묶어팔기는 판매자, 소비자 모두에게 이익이 되며 한계비용이 실질적으로 0인 인터넷 전송 환경에서는 더 큰 이득이 된다. 10

---

7 Bakos & Brynjolfsson, "Bundling and Competition on the Internet".

8 〔옮긴이 주〕 한계비용은 생산품을 한 단위 증가시키는 데 들어가는 비용을 뜻한다.

9 Smith & Telang, *Streaming, Sharing, Stealing*.

10 강조할 것은 '실질적으로 제로' 비용은 현재 계약 구조의 결과이다. 다른 법칙들 — 예를 들면 실제 시청자에 비례한 외주 비용 지불 — 도 가능하고 한계비용을 창출할 수도 있다.

다른 연구들도 물리적인 상품이 하나의 요소인 환경에서 나타나는 전략을 탐구했다. 예를 들면, 신문 산업에서 온라인 이용비용을 기사당 지불하는 것과 구독료 수익을 비교한 연구, 11 잡지의 온라인 콘텐츠 가격과 묶어팔기 전략, 12 일군의 케이블 채널들을 묶어 파는 케이블 묶어팔기13 등이 있다. 중요한 점은, 이 모든 사례에서 광고가 중요한 수익흐름으로 남아 있다는 것이다. 일정액을 지불하고 묶음 콘텐츠의 사용권을 주는 구독자 지불 플랫폼의 상황은 결과적으로 아직 특이한 현상이다.

미에지는 출판과 흐름, 활자언론 모델을 설명하면서 일반적인 특성과 중심 기능, 경제 조직, 창의 전문직, 수익, 시장 특성 등에 따라 각각을 구분했다. 이 분류법을 사용하면 주 연구대상인 구독자 지불, 인터넷 전송 플랫폼의 상황에서 개발된 구독자 모델의 특성을 발견하는 데 도움이 된다. 그 결과로 나타나는 비즈니스 전략 분석과 드러날 함의에 대한 탐색은 다음과 같다.

11 Valerie-Anne Bleyen & Leo van Hove (2010), "To Bundle or Not to Bundle? How Western European Newspapers Package Their Online Content", *Journal of Media Economics*, Vol. 23: 117~142.

12 R. Venkatesh & Rabikar Chatterjee (2006), "Bundling, Unbundling, and Pricing of Multiform Productions: The Case of Magazine Content", *Journal of Interactive Marketing*, Vol. 20, no. 2: 21~40.

13 Crawford & Cullen, "Bundling, Product Choice, and Efficiency".

문화생산에서 구독자 모델

일반적인 특징

가장 기본적으로 보면 구독자 모델은 사용자가 일정 요금을 내고 일군의 문화상품을 사용할 권리를 사는 것이 특징이다. 구독자는 — 일반적으로 개인이나 가구 단위인 — 보통 구독기간 동안 라이브러리에 있는 일군의 작품에 대한 무제한 사용권을 가진다. 이 모델로 작동하는 미디어는 구독자에게 특정 가치를 제안을 하는 것에 기반한 전략에 따라 일군의 문화상품을 조성한다(curate).

지상파와 케이블 전송 텔레비전의 경우에는 선형 편성의 한계로 인해 각 채널은 한 번에 하나의 콘텐츠만 전송할 수밖에 없다. 그러나 인터넷 전송 플랫폼은 각 사의 특정 조성 전략에 따라 콘텐츠 라이브러리(repository)를 만든다. 일련의 전략은 플랫폼의 조성 전술을 차별화하는데, 이 전술에 의해 한 취향 집단이나 복수의 취향 집단 모음을 위한 콘텐츠 라이브러리가 만들어진다.

플랫폼의 라이브러리 조성과 방송 편성의 차이를 논의한 서론에서 설명한 것처럼 비선형 유통으로 가능해진 수용자 전략으로 구독자 모델의 일반적인 특성이 몇 가지 나타난다. 무료 서비스를 포함하여 선택의 장(marketplace of options)에서 소비자에게 지불할 가치가 있는 콘텐츠를 제공하는 것이 구독자 지불 미디어의 주요한 필수 조건이다.

주요 기능

구독자 모델로 운영되는 미디어의 중심 역할은 일군의 문화상품을 조성(*curation*)하는 것이다. 조성은 콘텐츠를 **모으는 것**(*compiling*)과, 편리하고 접근 가능한 형태로 **조직하는 것**(*organizing*)을 말한다. 구독자에게 일차적으로 가치제안을 하는 것은 소장 콘텐츠와의 접촉 경험이다. 이는 선형구독 서비스와는 주요한 차이점을 보인다. 왜냐하면 선형구독 서비스는 선평 편성표에 콘텐츠를 채워 넣는 것만으로 제한되어 있었기 때문에 오롯이 콘텐츠로만 경쟁하였다. 제공하는 내용에 따라 다양한 채널이 존재하지만, HBO나 쇼타임과 같은 구독자 지불 서비스 간의 사용 경험은 비슷했고 (당연히 광고, 그 자체를 제외하면) 광고 기반 서비스와 다르지 않았다.

콘텐츠 제작에 투자하거나(오리지널 콘텐츠) 다른 권리 소유자로부터 콘텐츠를 계약(취득 콘텐츠)하여 문화상품을 수집하는 — 또는 조성하는 — 것이 플랫폼의 중심 기능이다. 몇몇 플랫폼은 광범위한 콘텐츠 소유자로부터 콘텐츠 계약을 하기도 하고(넷플릭스), 다른 플랫폼들은 자사 소유 창작물을 가지고 수직적으로 확장하는 데 사용되기도 한다. '스튜디오 플랫폼'(*studio portals*)

이라고 이 책에서 구별할 이런 플랫폼들은 수직적 집중 전략을 통하여 콘텐츠 구입 예산의 한계를 해결한다. 이들의 콘텐츠 목록은 구독자에게 가치가 그리 없을 수도 있다. 왜냐하면 이들이 제공하는 콘텐츠는 구독자 경험을 풍부하게 하도록 선택된 것이 아니라, 운용비용을 줄이기 위해 자사 소요 지적재산에 의존하는 전략에 기반해서 선택된 것이기 때문이다.

수직 집중이 주는 전략적 기회를 이용하고 희소성을 가진 편성 대신에 라이브러리에 의존하면서 플랫폼들은 저작권 소유를 중시하고 가치 있는 콘텐츠를 영구히 유지하는 방향으로 나아갔다. 반면 방송 채널들은 역사적으로 초기 얼마 동안만 프로그램을 계약했다. 오리지널 콘텐츠(original)는 결과적으로 공개 직후 사용을 훨씬 넘어서는 가치를 플랫폼에 계속해서 제공할 수 있다. 이는 새 콘텐츠를 소개하기 위해 다른 콘텐츠를 대체해야 할 수용 제한이 없기 때문이다. 영구적인 접근 가능성으로 인해 이런 구독 라이브러리들의 전략은 수용자 행동을 통제하고 이윤을 극대화하기 위해서 인위적인 희소성과 가격차별, 매체별 시차 공개(windowing)를 사용해 온 다른 미디어 산업의 공통 관행과는 결과적으로 차이를 나타낸다.14 플랫폼에 오리지널로 제작된 콘텐

---

14 디지털 환경에서 텔레비전 매체별 시차 공개에 대한 도일의 연구는 다음과 같다. Gillian Doyle(2016), "Television Production, Funding Models, and

츠는 따라서 라이브러리에 장기적인 가치를 가져와서, 현재 사용
중인 즉각적인 시청률과 같은 성공 측정 수단은 제한적인 효용성
을 가진다(신규 가입자 수와 현 가입자 취소율에 따라 성공을 측정하는
구독자 지불 서비스들에게 시청률이 중요하지 않다는 것과는 별개의 문
제이다).

　이들 서비스의 조성 전략에서 아주 중요한 것은 시청한 콘텐츠
의 양과는 무관하게 구독자가 정액을 지불한다는 점이다. 이런
모델은 소비자 간에 보이는 가격에 대한 민감성 차이나 사용자가
가지는 서로 다른 콘텐츠 선호를 반영하여 만들어진 것이다. 구
독자 지불 플랫폼은 계약한 콘텐츠를 시청한 시청자 수와는 무관
하게 일정 기간 동안 합의한 비용을 지불하면서 전송권을 계약한
다. 이로 인해 한 콘텐츠를 스트리밍하는 한계비용은 영(zero)이
되어, 넷플릭스의 스트리밍 서비스를 예를 들면 DVD 우편배달
서비스와 차별화시킨다. 우편 서비스 모델은 구매 단계에서 DVD

Exploitation of Content", *Icono 14 Journal of Communication and Emergent Technologies*, Vol. 14, no. 2: 75~96; Gillian Doyle(2016), "Digitization and Changing Windowing Strategies in the Television Industry: Negotiating New Windows on the World", *Television and New Media*, Vol. 17, no. 7: 1~17. 셰이의 연구도 참조한다면, Ronen Shay(2015), "Windowed Distribution Strategies for Substitutive Television Content: An Audience-Centric Typology", *International Journal on Media Management*, Vol. 17: 175~193.

당 비용을 지불하고 한 번에 하나의 디스크를 구독자 한 명에게 서비스할 수 있는 역량에 의해 제한을 받는다.

이런 점에서 소비자에게 제시할 가치라는 면에서 해당 플랫폼이 라이브러리에 소장한 개별 콘텐츠가 얼마나 중요한지 단순한 측정 방법을 통해서 평가하기는 힘들다. 비록 플랫폼이 수집하는 수용자 데이터가 풍부하여 더 섬세한 평가가 가능하다 하더라도 그렇다. 광고 기반 미디어에서는 한 편의 콘텐츠에 끌린 시청자 수에 기반하여 이 시청자들은 광고주에게 재판매되는 데 반해, 플랫폼 라이브러리에 있는 각 콘텐츠의 가치를 평가하는 것은 더 어렵다. 어떤 콘텐츠는 더 높은 비율의 구독자가 시청할 수도 있지만, 그렇다고 해서 특별히 높게 평가받지 않을 수도 있다. 반면 어떤 시리즈는 소수가 시청하지만, 그 시리즈로 인해 구독이 유지된다면 플랫폼이 아주 높게 평가할 수도 있다. 이런 현상은 오웬(Bruce Owen)과 윌더맨(Steven Wildman)이 지상파에서 발견한 것과 같이 인터넷 전송 서비스에도 나타난 것이다. 그들은 "어떤 공통 상품 소비에서 발생하는 이익과 개인이나 지역의 취향에 맞지 않아서 나타나는 소비자 불만족 간의 균형이 매스 미디어 콘텐츠 생산에서 나타난다"고 보았다. 결과적으로 '가장 많이 시청된' 콘텐츠가 반드시 그 서비스에 가장 가치 있는 것은 아니다. 비록 데이터나 계산법이 더 광범위하게 알려지지는 않았지만, 플랫폼은 사용 가능한 풍부한 행동 데이터를 바탕으로 콘텐츠 가치를 내부적으로 측정할 수 있는 수단을 만들 수 있게 되었다.

검색과 추천 기능, 시청자 사용 환경을 포함하는 플랫폼 이용 경험 또한 플랫폼이 사용자에게 제시하는 가치를 다르게 하기 때문에 플랫폼 상품성을 유지, 개선하는 것 또한 구독자 플랫폼이 차별화에 성공하는 수단으로서 중요한 역할을 한다. 시청자가 콘텐츠를 경험하는 방식을 재조정하는 것과 관련된 직무를 수행하는 노동자는 좀 더 전통적인, 구독자가 시청하는 콘텐츠를 개발하던 노동자들에 추가 배치된다.

구독자 지불 모델의 특징으로 여전히 간주할 수 있는 현재의 관행 중에서 다양한 변이가 있을 수 있다는 사실은 중요하게 기억할 부분이다. 플랫폼은 서비스 전체 사용권 대신에 사용 정도에 따라 가격을 책정할 수도 있다. 그리고 저작권 소유자가, 예를 들면 사용과 연계하여 다른 지불 모델을 추진할 수도 있다. 이런 변화는 플랫폼의 전략적 운영에 상당한 변화를 몰고 올 수 있다.

경제적 구조

일반적으로 시청자는 플랫폼이 조성한 상품을 사용하기 위해 월정액을 낸다. 구독하는 동안 구독자는 콘텐츠를 무제한 사용할 수 있다. 이것을 가치제안이라는 측면에서 보면, 플랫폼의 인터넷 전송이 가진 가용성은 선형구독자 지불 서비스가 제공하는 것에 비해 한 개인이 필요한 콘텐츠를 선택할 수 있는 범위를 눈에 띄게 확장한 것이다. 선형 서비스인 HBO를 구독한다는 것은 매시간 HBO가 선택하여 전송하는 하나의 프로그램에 대한 접근을 일반적으로 의미한다. 비록 시청자가 구독하면서 더 많은 가치를 획득할 수 있도록 다중 전송(*multicasting*)과 주문형 기술을 이용하여 HBO가 최첨단을 달리고 있지만, 인터넷 전송의 가용성은 서비스를 더 확장했다.

월정액을 지불하는 대신, 구독자는 플랫폼에 접속할 수 있는 자격을 받는다. 계약은 오직 그 직계 가족에게만 그런 자격을 부여한다. 하지만, 지적하고 넘어갈 것은 서비스 초기에는 비밀번호가 널리 공유되었다는 사실이다. 플랫폼 서비스는 사용자가 다수의 IP 주소를 쓰는 것을, 그리고 때로는 동시에 쓰는 것을 규제하지 않았기 때문에, 그런 행동은 암묵적으로 허용되었다. 이것은 미래의 구독자를 양성하는 전략이었을 것이다. 어떤 경우에는 복수의 사용자가 동시에 사용하며 구독료를 추가로 내도록 만들기도 했다. 중요한 점은 케이블 가입은 지리적으로 특정할 수밖에 없었던 반면, 플랫폼 구독은 그와 달리 특정 장소에 구속되지 않았다.[15]

경영 조직 면에서 보면 플랫폼 회사는 광범위한 기반 조직과 라이브러리를 재개발하고 진열하는 일이나 미디어 제작 및 수급과는 관련 없는 일을 하는 직원이 다수 필요한 것이 일반적이다. 진열 활동은 자사 라이브러리에 맞는 콘텐츠 판권을 찾아 구매하는 것을 포함하며, 이 외의 활동은 오리지널 콘텐츠를 개발하거나 제작 계약을 하는 것이다. 다른 그룹에 속하는 직원들은 플랫폼 기반시설을 유지하고 개선하는 일을 한다. 또 다른 그룹의 직원들은 구독자 기반을 확장하고 도움이 필요한 현재 가입 구독자에게 서비스를 제공하는 일을 한다.

수용자 행동에 대한 데이터 수집이 가능해진 인터넷 전송의 가용성 덕분에 선형구독자 지불 서비스에서 사용되었던 것보다 더 많은 정보가 진열 관련 업무에 사용된다. 따라서 구독자들이 시청하는 방법과 시청물, 시청을 위해 사용하는 기기 등과 같은 데이터를 수집, 분석할 수 있는 기술을 가진 직원이 구독자 지불 플

---

15 물론 허가 지역 외에 있는 IP 주소를 쓸 때 접속이 차단되는 지리적 선별(*geo-filtering*)을 통해 경영 전략을 유지하면서 장소라는 개념을 기술이 가끔 재확인해줄 때도 있다.

랫폼에는 필요하다. 이런 데이터를 이용하여 전보다 더 전략적인 진열을 할 수 있으며, 규모가 큰 플랫폼들은 더 나은 예측 능력을 갖추게 되었다.16 특기할 것은 구독자 기반 플랫폼들은 스스로 모은 데이터를 독점적으로 사용하기 때문에, 판권 계약을 한 상대 회사들보다 그 제작사 제작 콘텐츠에 대한 시청자 시청 정보를 훨씬 더 많이 아는 경우가 많다는 점이다. 이전 텔레비전 전송기술이 가진 특징보다 훨씬 더 세밀한 시청자 데이터가 사용 가능하고, 소유권이 없어서 공유되는 일반 데이터가 없다는 두 가지 점에서 이전의 방송업계 경영과는 상당히 다른 변화가 나타난다.

제작직 (creative professions)

제작직은 선형 광고 기반 텔레비전의 중간자들이 수행했던 조건이나 활동을 비슷하게 가진다. 기존 방송사와 채널의 개발 담당 간부(*development executives*)가 그랬듯이 주요 판권을 찾아서 라이브러리를 조성하고 조성 목적에 알맞은 오리지널 콘텐츠를 개발할 수 있는 제작직 종사자들을 구독자 기반 플랫폼도 필요로 한다. 지상파 방송국 간부들이 시리즈 제작에 주도적으로 참여하지 않았던 것처럼 플랫폼에서 콘텐츠를 조성하고 개발하는 업무는

---

16 Bakos & Brynjolfsson, "Bundling and Competition on the Internet".

콘텐츠 제작과는 별개이다.

플랫폼에서 오리지널 콘텐츠를 제작하는 제작직 종사자들은 출판 모델의 규범을 따른다. 그 규범은 대체로 다른 텔레비전의 콘텐츠 창작과 비슷하지만 다른 점은 출판 모델을 사업자 간 (Business to Business, B2B)에 적용했다는 점이다. 시리즈물을 제작하기로 계약한 사람들은 각 시리즈 별로 고용된다. 하지만 예를 들면 연기자인 아담 샌들러(Adam Sandler) 같은 주요 탤런트들은 넷플릭스와 복수의 영화제작 계약을 했고 언론의 주목을 상당히 받았다. 현재는 어떤 제작자도 스튜디오 시스템 모델과 같이 플랫폼 하나에 독점 계약되어 있지는 않지만, 그렇다고 그럴 가능성을 배제할 수는 없다.

콘텐츠 편당 시청 대신에 라이브러리 전체 사용권을 기준으로 하고 있어서 탤런트 계약 및 추가 보수 지급에 관한 기존 규범도 일정 정도 조정이 필요하다. 넷플릭스가 점차 늘여 가고 있는 것처럼, 이전 제작과는 다르게 플랫폼이 시리즈물을 구매하여 전세계에 전송하고 영구적으로 그 권리를 소유하면서 지속적으로 지급되던 추가 저작권 수익(residual)17이 가지는 가치는 아주 제

---

17 〔옮긴이 주〕 Residual, 추가 저작권 수익은 콘텐츠 판매로 수익을 얻는 자가 그 수익의 일부분을 창작자에게 로열티로 지급하는 것을 말한다. 예를 들면 초방 후 방송 콘텐츠가 재방, 케이블 방송, 해외 판매, DVD 판매 등으로 수익이 나면 그 일부분을 감독, 출연자 등 다양한 제작참여 창작자에게 지급한다. 할

한적이 된다. 이런 구조에서 제작사의 주요한 수익은 선급금 (*upfront*)이 되는데, 이런 거래는 성공한 시리즈물의 경우, 국내외 시장에서 판매, 재판매되면서 수년 동안, 때로는 수십 년 동안 수익을 발생시켰던 이 산업의 규범을 많은 부분 고쳐 쓰는 것이다. 이렇게 오랫동안 지켜져 왔던 업계의 경영 관행이 크게 변경되었다는 사실에 대하여 상당히 비판적이고 이론적인 재고를 할 필요가 있다. 그 이유는 이런 변경이 제작 관련 종사자와 창작 과정에서 그들이 가지는 발언권, 그들이 감수할 수도 있는 위험, 제작하는 콘텐츠 등에 큰 영향을 미칠 수 있기 때문이다.

이에 더해, 구독자 지불 플랫폼 환경에서는 이들 회사가 사용할 수 있는 정보가 훨씬 더 풍부하기 때문에 데이터 과학과 분석에 능통한 제작직 종사자가 필수요소이다. 이전의 전송기술과는 달리 인터넷으로 영상을 전송하면서 플랫폼 회사는 구독자에 대해 상당한 양의 데이터를 생산한다. 이 데이터를 통해 플랫폼은 구독자 취향을 예상하고, 행동을 예측하며, 콘텐츠 진열에 중요하게 쓰일 안목을 얻을 수 있다. 현재로서 이런 데이터는 회사 소유 재산(*propriety*)이어서 이 회사들이 무엇을 알고 있고 이 정보

리우드에서는 대부분 관련 노동조합이 미디어 유통사와 계약을 하며 지급을 담당한다. 예를 들면, 미국의 유명 시트콤 〈프렌즈〉(*Friends*)가 2004년에 종영되었지만, 제작 관련자들은 지금까지도 추가 저작권 수익을 받는 것으로 알려져 있다.

를 어떻게 사용하는지는 공개적으로 많이 알려져 있지 않다.

구독자 지불 플랫폼은 또한 추천 알고리즘과 사용자 환경, 그리고 모든 종류의 기능 등을 포함한 플랫폼의 기능과 경험을 개선하기 위해서 컴퓨터와 데이터 과학자들을 고용한다. 이런 역할 중 다수는 보통 미디어 산업의 핵심으로 여겨졌던 콘텐츠 제작과는 동떨어진 것이다. 미국 프로야구 리그가 스트리밍 서비스를 막 시도하면서 설립된 뱀테크(BAMTech)를 예로 들면, 이 회사는 현재 HBO 나우와 WWE 네트워크 같은 타 회사에도 전송 기반을 제공하고 있다. 2016년에 디즈니는 상당한 양의 뱀테크 주식을 매수하였다. 비록 이 회사의 기본 역할은 '기술적인 역할'(engineering roles)이라고 분류되어 있지만, 그것이 단지 텔레비전 전송의 일부분을 담당하는 것만은 아니다. 뱀테크의 주요 업무가 연관된 제작 분야까지도 범위를 확장했다고 봐야 한다.

수익 모델

구독자 지불 플랫폼이 수익을 내기 위해서는 콘텐츠 구매와 제작 비용을 통제하는 동시에 구독료 가치와 비등한 정도의 시청하고 싶은 콘텐츠를 충분히 보유할 수 있도록 세심한 균형을 맞추는 것이 필요하다. 물론 여기에서 시청하고 싶은 콘텐츠가 무엇인지는 개별 구독자가 결정한다. 현재 플랫폼 사업자 간에 보이는 일반적인 경제적 구조를 보면 서비스 간 차이점을 거의 찾을 수가 없다. 하지만 많은 경영모델이 대안으로 나타날 수 있으며 수익에 영향을 미칠 수도 있다.

구독자 모델 안에서 구독자가 지불하는 월정액은 서비스를 제공하는 플랫폼이 얻는 정기적이고, 따라서 예측 가능한 수익이다. 이때 수익흐름에 정기성을 한층 더하는 것은 신용카드 자동결제나 은행 자동이체 서비스를 구독자가 사용하는 것이다. 일단 사용자가 구독을 결정하면 적극적으로 서비스를 취소하기로 결정하기 전까지는 구독이 유지된다. 결과적으로 플랫폼 서비스는 구독자 수에 기반하여 수익 성공 실적을 평가한다. 주 관심 대상으로서 신규 가입자 비율에도 주의를 두지만, '탈퇴율'(*churn rates*), 즉 특정 기간에 서비스를 탈퇴하는 비율도 중요하다.

따라서 구독자 모델의 특징인 묶음 상품 이용권 덕분에 플랫폼 업계는 개별 미디어 상품에서 엄청난 대박과 손실을 주기적으로 경험하는 출판 모델 산업보다는 더 나은 예측성을 가진다. 구독자를 모집하고 유지하기가 쉽지는 않지만, 다양한 상품을 제공하고 사용자 데이터를 광범위하게 수집하는 행위는 구독자 만족과 취향의 경계선을 이해하는 데 도움이 되고, 이어서 이 플랫폼들이 콘텐츠 관련 비용을 운용하는 데 일조한다.

스트리밍되는 콘텐츠의 양에 따라 구독료에 차등을 두면 구독료 종류는 더 다양해질 수 있다. 중요한 점은 무제한 시청을 허용하여 소비를 촉진하는 가격 구조가 이용되면서 그 영향으로 최근 새로운 시청습관이 등장하고 있다는 사실이다. 아마 구독자가 콘텐츠에 대해 생각하는 가치를 바꿀 정도로 다양한 콘텐츠를 '시도' 하지는 못하게 하겠지만, 가격 체계의 변화는 시청행태 변화를 낳을 것이다. 미국에서 가정용 인터넷 가격 또한 무제한 시청을 촉진시켰다. 왜냐하면, 적어도 2017년까지는, 가정용 인터넷 가격 체계에서 무선전화 데이터 요금제에서 점차 일반적으로 쓰이는 사용량에 기반한 요금 체제가 아니라 인터넷 과다 사용자를 제외한 모든 사용자에게 '무제한'(*all you can use*) 묶음 요금 체제를 사용했기 때문이다18 인터넷 서비스 가격 구조의 변화는 플랫폼에 상당한 영향을 미칠 수도 있다. 특히 미국 내에서는 고속인터넷 사업을 기업들이 독점하는 상태가 일반화되면서 생겨나는 비경쟁적 조건이 그 원인이다. 이런 한계도 이동통신 인터넷 서비스의 기술력이나 가격 체계가 가정용 인터넷 서비스에 대해 경쟁력을 가지게 되면 개선될 수도 있다.

다시 말하지만, 구독자 지불 플랫폼은 전례 없이 많은 정보 데이터를 사용하고 있다. 이 데이터는 구독자가 시리즈를 끝까지

---

18 이것이 변화하고 있고, 다수의 전송 서비스가 한 달 사용량을 1테라바이트로 제한하고 있다는 사실은 중요하다. 이 제한 ─ 700시간의 HD 영상 시청이 가능한 정도로 계산되는 ─ 은 현재 기준으로 플랫폼 스트리밍을 위해 가정용 인터넷을 사용하는 대부분 사람에게 부정적인 효과를 나타내지는 않을 것이다.

시청하지 않은 빈도에 대해서 알려 준다. 최상의 가치를 제공하는 가격 및 조성 전략을 개발하는 데 도움이 되는 일련의 시청자 행동에 대해서도 이 데이터는 알려 준다. 넷플릭스와 같이 규모가 큰 플랫폼은 수집하는 데이터 규모 또한 크기 때문에 특별한 이점을 가진다. 지금까지 이 데이터는 내부적으로 운영 전략을 수립하는 데만 사용된 것으로 보이지만, 플랫폼이 정보를 팔려고만 한다면 데이터 중 일부는 시장 가치를 가질 확률이 높다. 이 데이터의 잠재적 가치는 상당하다. 심지어 소셜미디어 기업이 수익 전략으로 사용하는 것처럼 판매되지는 않더라도, 의미 있는 데이터는 이들 기업이 운영하면서 생산할 수 있는 핵심 상품이다.

시장 특성

구독자 지불 모델을 사용하는 플랫폼이 지금은 초기 단계이기 때문에 시장 특성을 가늠하기는 힘들다. 틈새 통합전략(넷플릭스, HBO 나우)과 특정 장르 집중 전략(시소), 시청자 중심 틈새 전략〔노긴-프로스쿨러(Noggin-preschoolers)〕, 콘텐츠 집중 틈새 전략〔WWW 네트워크-레슬링(WWE Network-wrestling)〕, 저작권 소유 콘텐츠 중심 전략(CBS 올 엑세스) 등을 이용하는 다양한 서비스가 존재한다. 콘텐츠가 제시하는 가치와 플랫폼 경험이 그 서비스 월정액과 맞아야 하지만, 이미 나타난 흥미로운 경향도 있다. 넷플릭스와 HBO 나우가 서비스 가운데 비교하기 가장 좋은 상대이지만, HBO 나우 가입자는 넷플릭스가 2016년에 가격 인상을 하기 전까지는 거의 넷플릭스 구독료 2배 정도 월정액을 지불했다(2016년 전까지 넷플릭스 월정액은 8달러, 인상 후에는 10달러였고 HBO는 15달러). 좀 더 거시적으로 이 회사들의 경제를 살펴보아야 이 차이를 이해할 수 있다. 넷플릭스는 소비자와 직접적인 관계를 유지하고 있어서 구독료를 모두 수익으로 가지고 가지만, HBO 나우는 선형 방송 서비스의 특성이었던 제공자와의 파트너 관계를 유지하는 모델을 따르고 있다. [19] HBO는 HBO 나우 서비스를 애플(Apple)이나 아마존, 버라이즌(Verizon) 같은 협력사를 통해 판매하고 있으며, 이 회사들은 소비자를 관리하는 대신 월정액의 일부분을 가지고 간다(배분된 수익은 케이블과 위성 방송 선형 서비스에서 보통 지불하는 정도보다는 적을 것이다). [20] 자

---

[19] 최근 넷플릭스와 컴캐스트가 맺은 계약은 변화를 조금 보인다. 컴캐스트는 자사의 X1 사용자 환경에 넷플릭스를 포함하기로 했다. 계약의 자세한 내용은 공개되지 않았지만, 이 사용환경을 이용하여 접속하는 사용자에 대한 요금을 일정 정도 컴캐스트가 받을 가능성이 있다. 하지만 선형 서비스에서 받던 정도는 아닐 것이다.

[20] 초기 애플사 수수료는 30%였지만, 15%로 인하할 것이라고 2016년 한 기사는 보도했다. Ben Munson(2016. 11. 17.), "Apple Will Reportedly Take Smaller Cut of VOD Subscriptions Sold in App Store", *Fierce Cable*. http://www.fiercecable.com/broadcasting/apple-will-reportedly-take-smaller-cut-vod-subscriptions-sold-app-store.

체 선형 서비스를 유지하고 있었다는 점을 감안하면, HBO는 그 선형 서비스와 비슷한 가격선을 유지하면서 해당 시장에 들어갈 수밖에 없었다. HBO의 수익이 여전히 자사의 케이블 전송 서비스에서 나오기 때문에 알맞지 않은 비교일 수는 있지만, HBO는 아직 넷플릭스보다 더 많은 이윤을 내고 있다. 이는 HBO에 비해 넷플릭스가 콘텐츠 투자를 상당히 적게 하기 때문이다. HBO는 구독자당 매월 3.65달러의 이윤을 발생시키고 있지만, 넷플릭스는 겨우 0.28달러의 이윤을 내고 있다. 이는 고비용 프로그램, 저가 월정액, 글로벌 확장비용 때문이다.[21]

플랫폼을 출범시키는 데 있어서 지적재산 라이브러리가 중요한 역할을 하는 것과 함께 상당히 정교한 이용자 사용환경은 필수인데, 이것은 지금까지 광범위한 지적재산(*Intellectual property*)을 소유하고 있는 다수의 미디어 회사에는 운영에 필요한 요소는 아니었다. 주목할 것은 HBO 정도 크기의 회사가 HBO 나우 서비스를 전송하면서, 자사가 소유하고 소비자에게 직접 연결하는 서비스 대신 제휴사를 통하기로 했다는 사실이다. 특히 HBO 나우가 터너 사(Turner)의 예술 영화 서비스인 필름스트럭(Film

---

21 Liam Boluk & Matthew Ball(2015. 3. 5.), "The State and Future of Netflix v. HBO in 2015", ReDef, http://redef.com/original/the-state-and-future-of-netflix-v-HBO-in-2015.

Struck)과 같은 다른 플랫폼을 통하거나 다른 타임워너 사 소유 콘텐츠를 위한 플랫폼을 만들어서 수익을 올릴 수도 있는 미디어 복합 기업(conglomerate)의 일부이기 때문에 주목할 만하다.[22]

　새로 나타나는 미디어가 보통 그렇듯이 이 책이 다루는 초기 단계 동안 광범위한 초기 경쟁사 간의 상당한 변이점들은 결국에는 소수의 경쟁자들 사이에서 표준화된 것을 받아들이는 것으로 변화할 것이다. 그리고 다양한 전략들이 성공과 실패로 판명될 것이다. 이와 같은 초창기 구독 모델 이해와 새로운 인터넷 전송 플랫폼 관행 정리는 시장이 초기 진입 단계를 지나서 성숙해지면서 명확해질 것이다. 본 연구는 초기 단계여서 추측할 수 있는 것이 제한적이지만, 개념과 분류, 특징들을 확고히 하는 것은 이론적 논의의 초기 ─ 비록 결론에 도달하기에는 아직 멀었지만 ─ 단계라는 점에서 중요하다.

---

22 〔옮긴이 주〕HBO는 2020년에 HBO와 워너 브러더스 등 계열사 콘텐츠를 모아 HBO 맥스라는 '스튜디오 플랫폼'을 출범시켰다. 2022년에 HBO의 모회사 워너 미디어는 디스커버리사와 합병하였고, HBO는 산하에 HBO 맥스와 디스커버리+, 양대 스트리밍 서비스를 운용하고 있다. 앞으로 HBO는 이 두 스트리밍 서비스를 묶음 판매할 것이라는 전망이 나오고 있다.

주요 전략

문화생산 모델들을 구별하는 데 미에지가 '주요 전략'을 포함하지는 않았지만, 이것 또한 분석의 주요 요소이다. 독점 콘텐츠를 제공하는 것은, 선형이든 비선형이든 구독자 기반 서비스의 주요 전략이다. 그렇지만 넷플릭스와 HBO 모두가 각 서비스의 독점 오리지널 콘텐츠를 자사 플랫폼에 최초로 공개하고 그 후 몇 달이 지난 뒤에 타사에 개별 판매하는 '혼합 묶음' 차등 출시 전략(*'mixed bundling' windowed strategy*)을 취해 왔다. **23** 또한 이 회사들이 자사의 오리지널 콘텐츠를 다른 미디어에 판매한 사례도 가끔 있다. **24** 플랫폼 전략이 성숙해 가면서 구독 법칙의 차별성과 라이브러리의 다양한 가능성으로 인해 이런 혼합 전략은 사라질 수도 있다. 왜냐하면 완전한 독점성만이 구독을 증가시킬 수 있기 때문이다. **25**

---

23 Bleyen & van Hove, "To Bundle or Not to Bundle?", 119.

24 2016년 5월, 넷플릭스는 자사 소유 오리지널 시리즈 몇 편을 우니비시온(Univision)에 재공개(*second window*)하기로 계약했다고 발표했다. HBO 또한 직접 전송보다 이윤이 높은 국제 시장에서는 콘텐츠 사용을 허가하기도 했고, 아마존 비디오에 소장 콘텐츠를 전송하기도 했다. 지금까지 HBO와 넷플릭스 모두 이런 계약을 제한적으로 사용하고 있고 대체로 수요가 많지 않은 콘텐츠에 사용하고 있다.

25 Matthew Ball(2016. 8. 26.), "Letting It Go: The End of Windowing (and

플랫폼은 선형 편성을 해야 하는 제약을 받지 않기 때문에 그 플랫폼이 콘텐츠를 소유하고 라이브러리에 진열할 수 있는 한 이익을 창출할 수 있다. 따라서 독점 콘텐츠는 장기적인 가치를 가질 수 있게 된다. 이는 초방 직후 독점 방영을 하고 그 후에 다수 시장에 재판매하는 비즈니스 모델에 기반한 이전 콘텐츠 유통 모델과는 상당한 차이를 보인다. 이런 점에서 선형 텔레비전 업계에서 개발해 온 성공 전략은 플랫폼에 적용하기 힘들다.

과거의 기술이 보였던 가용성의 특징인 희소성으로 인해 독점성 전략의 효용성은 높았다. 그러나 콘텐츠가 매우 풍요해진, 더 나아가 잉여 콘텐츠 시대라고도 할 수 있는 시대에 독점성이 유용한 전략으로 남을지는 확실하지 않다. 기존의 서비스가 가입과 탈퇴를 어렵게 하거나 가입비를 요구하거나 서비스 계약서를 복잡하게 했던 것과는 달리 다수의 플랫폼은 구독 계약을 쉽게 만들었다. 비록 독점 가치는 줄어들 수 있지만, 플랫폼은 이렇게 유연한 구독 조건을 가지고 시청자들이 서비스를 시험해 보도록 유도했다. 만약 지금과 같이 콘텐츠가 풍부하면서도 불법사용이 여전히 가능한 콘텐츠 환경에서 플랫폼 서비스가 장기 계약을 강요하거나 장려를 하는 것과 같은 방식으로 구독 방법을 유연하지 않

What Comes Next)?", ReDef, http://redef.com/original/letting-it-go-the-end-of-windows-and-what-comes-next?

게 만들었다면 콘텐츠 독점성으로 인해 구독보다는 불법사용이 증가했을 것이다. 하지만 다수의 플랫폼이 비교적 낮은 가격과 편의성을 제공한다면 불법사용을 선택했던 수용자들이 유료사용 쪽으로 방향을 바꿀 수도 있을 것이다.

또 하나 구독자 지불 플랫폼의 주요 전략은 수직 집중이다. 이 전략은 3장에서 깊이 있게 다룰 것이다. 미에지가 《문화생산의 자본주의화》(*The Capitalization of Cultural Production*), 146~147 쪽에서 다루었던 형식에 맞추어 구독자 모델의 기본 특성을 〈표 2-1〉에 정리해 보았다.

<표 2-1> 인터넷 플랫폼 구독자 모델의 기반이 되는 기본 법칙

기본 특징
문화상품 모음을 진열한다.
개인 또는 가구 단위로 상품 묶음을 사용할 수 있는 권리를 구매하고 이에 대한 제한 없는 소비를 누린다.
광범위하면서도 동시에 특징적인 소장 콘텐츠를 위한 독특한 전략이 있다.
주요 기능
플랫폼은 언제든 사용할 수 있도록 콘텐츠를 진열하고, 콘텐츠 전송권을 구매하거나 콘텐츠를 제작한다.
플랫폼은 제한된 콘텐츠 예산의 가치를 극대화한다. 때로는 스튜디오 플랫폼의 경우와 같이 자사 소유 지적재산 라이브러리를 이용하기도 한다.
플랫폼 기술에 대한 사용자 경험을 유지 · 개선한다.
경제적 구조
대규모 노동자가 진열과 사용 계약, 기반 구조, 구독자 확보와 고객 서비스 직무를 수행한다.

〈표 2-1〉계속

경제적 구조

실제 콘텐츠 제작은 출판 모델의 규범을 따르는데, 여기에서 고용은 불규칙하고 특정 콘텐츠 제작과 연동되지만, 스튜디오 시스템을 도입하는 등 다른 시도도 가능하다.

제작자는 최초 제작에 대해 보상을 받고, 사후 결과 정산에 영향을 많이 받지는 않는다. 추가 저작권 수익(residual payments)은 제한적으로 적용된다.

현재 시점에서 보면 사용료(license fees)는 일정 기간 동안 무한시청을 허용하는 것을 기준으로 지불된다.

플랫폼은 최다수의 구독자를 유지하면서 최소한의 콘텐츠를 제공하는 것을 목표로 한다.

제작직

데이터 전문가들은 구독자 행동을 해석하여 개발/구매 전략개발에 이용할 수 있는 정보를 제공한다.

컴퓨터/데이터 전문가들은 추천 알고리즘과 사용자 이용환경, 특성, 기능을 개선한다.

개발 · 구매 팀은 외주와 구매 계약을 관장한다.

(외주 계약인) 창작 관련직은 콘텐츠를 제작한다.

수익 모델

수익은 지속적으로 발생하며, 특정 콘텐츠의 소비나 소비의 양보다는 구독자 수와 더 밀접한 관련이 있다.

규모의 경제에 기반하기 때문에 재생산 비용은 영(zero)에 가깝다.

현재 시장에서 일반적으로 나타나는 양상보다는 더 다양한 가격 정책이 가능하다.

시장 특성

다수를 공략하느냐 틈새시장을 목표로 하느냐에 따라 시장 특성은 차이를 보인다.

각 사가 소유하고 있는 지적재산에 따라 시장은 차이를 보인다.

주요 전략

라이브러리의 형태로 묶어서 판매되는 상품

독점성

수직 통합

구독자 지불 플랫폼의 영향

지금과 같은 초기 단계에는 구독자 지불 플랫폼이 시청자나 제작자에 미치는 영향을 알기는 어렵다. 그러나 구독자 모델 윤곽을 초기 단계에 그리는 것은 빠르게 진화하는 이 시장에 관한 논의를 체계적으로 만들고 분석하는 데 도움이 된다. 주요한 관심 영역을 미리 정하는 것 또한, 앞으로 더 많은 자료가 나올 때 좋은 길잡이가 될 수 있다. 앞으로 나올 주요 질문 중 어느 것에 대해서도 실증적인 주장을 펴는 것은 아직 사례가 부족하여 어려운 일이다. 하지만, 다음에 나올 질문들은 인터넷 텔레비전 전송기술이 보이는 다양한 전략 결과를 비교하고 수십 년간 발전해 온 선형 방송과 케이블 전송 관련 경험과 이론을 함께 비교하는 데 있어서 인터넷 텔레비전의 주요형태인 구독자 지불 모델을 비판적으로 평가하기 위한 중요한 것들이다.

어떤 면에서 구독자 지불 플랫폼은
수용자에게 '이익'이 되거나 '손해'가 되는가?

구독자 지불 플랫폼 등장에 따른 즉각적인 반응 중 하나는 플랫폼은 좀 더 불평등을 심화시키고 저소득층에게 특히 불리하다는 추측이었다. 이런 반응은 문화 비평가가 제기할 수 있는 중요한 사안이지만, 미묘한 차이를 이해하면서 접근해야 한다. 이 추측은 '공짜TV'는 광고비용이 상품에 포함되어 있기 때문에, 공짜인 적은 한 번도 없었고, 광고에 의존하는 지상파나 케이블 방송업계 또한 구독자 수익에 점점 더 의지해 왔다는 점(3장에서 깊이 논의될 예정) 등을 고려하지 않고 있다. 게다가 소득 수준이 케이블 전송 '유료 TV' 가입과 연관되어 있다는 가설은 증명된 적이 없다. 오히려 훨씬 더 복잡한 변인을 포함하는 연구에서는 이전에 케이블 가입을 하지 않았던 가정 중 약 18% 정도가 인터넷 전송 서비스를 선택할 수 있게 되었다고 나타났다. 미국 방송협회 조사에 따르면, 케이블 방송 미가입 가구 2천만 가구 중에서 6백만 가구만이 사용료 지불이 어려워서 가입하지 않았다고 나타났다.[26]

　가격 면에서 이런 플랫폼 사용에 비용이 가장 많이 드는 부분은 플랫폼을 사용하기 위해 가입해야 하는 인터넷 서비스이다. 인터넷 서비스와 하나 혹은 복수의 플랫폼 서비스를 사용하기 위해 다달이 내는 비용이 케이블 방송 기본 서비스 사용료보다는 저렴하다고 볼 수도 있다. 이렇게 이야기하는 이유는 구독료 때문에 인터넷 텔레비전이 부자들의 텔레비전이 될 것이라고 보는 것은 잘못된 가설이기 때문이다. 하지만, 만약에 양질의 '무료' 서

26　Bill McConnell(2004. 9. 13.), "Never Say Never", *Broadcasting & Cable*, Vol. 1: 10.

비스를 제공하고, BBC가 하고 있듯이 아이플레이어(iPlayer)와 같은 플랫폼을 통해서 콘텐츠를 시청할 수 있도록 혁신적으로 전환한, 미국의 공영 방송(public service broadcasting)이 좀 더 중요한 위치를 차지하고 있다면, 내가 앞에서 한 주장은 더 수정될 필요가 있다. 27

구독자 지불 플랫폼은 지금까지 광고주가 가치가 별로 없다고 생각했던 수용자들에게는 이점이 있다고 말할 수 있다. 광고 방송은 평등했던 적이 없었고 광고주는 가장 접근하고 싶어 했던 시청자들을 궁극적인 목표로 생각했다. 지상파와 케이블 텔레비전은 더 젊고, 더 많은 백인과(whiter), 또 더 부유한 시청자들을 주 시청층으로 삼았다. 광고주들이 아주 단순한 인구학적 특성에 기반하여 시청자를 구매하기 때문이다. 구독자 기반 서비스는 구독자의 월정액 지불의사 이외에 시청자의 인구학적 특성에 관심을 별로 보이지 않는다. 따라서 플랫폼이 프로그램 비용을 소화할 수 있을 만큼 비슷한 취향을 가진 시청자들이 충분한 경우, 구독자 기반 서비스는 광고주가 관심을 두지 않았던 시청자들을 위해서 콘텐츠를 만들 잠재적인 가능성이 있다.

인터넷 텔레비전이 등장했을 때 케이블 텔레비전 서비스 시장

---

27 물론 미국 공영방송 PBS 웹사이트에서 많은 콘텐츠를 시청할 수는 있다. 그러나 이 채널에 예산 지원이 부족해서 그 이상 기대하기는 힘들다.

의 경쟁이 제한적이었던 상황을 고려하면, 이들 구독자 플랫폼 덕분에 시청자들이 영상 관련 소비를 결정하는 데 있어서 더 많은 선택권을 가지게 되어 시청자에게 이익이라고 주장할 수 있다. 최근 몇 년간 텔레비전 업계는 케이블 서비스를 취소하거나(케이블 커터, *cord-cutters*) 서비스 사용 경험이 없는(무(無) 구독, *cord-nevers*) 가구가 생기는 현상에 상당히 주목하고 있었다. 구독자가 월 100달러에서 80달러 정도 되는 케이블 텔레비전 가입비용을 10달러 내외의 넷플릭스 구독비용으로 대체할 것에 대한 두려움 때문이다. 실질적으로 보면, 케이블 텔레비전 가입 취소는 제한적인 현상이다. 상당한 인터넷 서비스 비용을 감당하는 것은 여전히 필요하다. 또 심지어 플랫폼 서너 개를 합친다고 하더라도 플랫폼에서 시청 가능한 콘텐츠 수는 케이블 다채널 서비스만큼 많을 수가 없고, 특히 가구원 수가 많은 가구의 예처럼 많은 시청자의 수요를 맞출 수 없기 때문이다. 그러나 플랫폼과의 경쟁으로 '채널 감축'(*cord shaving*)은 가능해졌는데, 이는 케이블 텔레비전 요금제 등급을 내리고, 인터넷 전송 텔레비전 서비스로 보강하는 것을 의미한다. 이른바 '스키니번들'(*skinny bundle*, 2015년에 슬링(Sling)과 소니(Sony)에 의해, 2017년에 훌루와 AT&T/디렉TV(DirecTV), 유튜브에 의해 발표)이라 불리는 일군의 실시간 인터넷 채널 묶음과 함께 플랫폼과의 경쟁으로 인해 시장에서 독점적인 지위를 누려 왔던 케이블 텔레비전 전송업자는 가입자에게 묶음 상품을 다양하게 구성하여 공급하게 되었다.

물론 이런 이익에 한계가 없는 것은 아니다. 아마 구독자 기반 플랫폼 수용자들이 경험하는 가장 부정적인 점은 구독하지 않은 플랫폼 콘텐츠를 맛보기로 시청할 수 없다는 점과 플랫폼이 구독을 높이기 위해 독점성을 사용한다는 문제이다. 비록 대부분 플랫폼이 유연한 구독 플랜을 가지고 있어서 시청자들이 큰 어려움 없이 단기로 사용하고 탈퇴할 수 있지만 이런 관행은 바뀔 수 있다. 또한 불법사용 가능성은 서비스에 부정적인 영향을 미치는데, 불법사용 때문에 플랫폼 사용이 복잡해지거나 사용요금이 불합리할 정도로 비싸질 수 있다.

구독자 기반 플랫폼에 대해 가장 널리 퍼진 염려는 이미 파편화된 시청문화를 세분화시키는 현상에 대한 것이다. 인터넷 전송의 특징인 시청시간을 특정하지 않아도 된다는 점(*lack of time specificity*)[28]은 소수 채널 간 제한된 경쟁과 방송국이 정한 시간대만 시청 가능했던 시대를 배경으로 발전한 이 텔레비전 매체에 대한 통념으로부터 현재의 미국 텔레비전을 더 멀어지게 한다. 지난 20년간[29] 미국 텔레비전에서 방송되었던 콘텐츠는 '대중'매

---

28 〔옮긴이 주〕특정한 시간에 방송을 봐야 하는 것이 time specificity. time shift가 그 반대.

29 〔옮긴이 주〕미국 방송업계에 지상파와 케이블 채널 증가로 다채널화된 시기인 1990년대 이후를 칭한다.

체에 맞는 특성을 가진 것이 아니었다. 구독자 기반 비선형 플랫폼 서비스는 시청행태에 더 큰 차별화를 가지고 올 것만은 확실하다. 이것이 시청자들에게 정말 '악'영향을 미칠지, 그리고 어떤 면에서, 어떤 시청자에게 그러할지는 아직 실증적으로 검증되지 않았다.

구독자 기반 플랫폼이 어떤 측면에서 창작에 '좋고' '나쁠' 것인가?

구독자 기반 플랫폼이 가진 가용성으로 인해 시청경험이 다르게 변화할 수 있었듯이 제작자의 제작경험도 변화한다. 광고주가 원하는 시청자를 모아야 한다는 조건이 더 이상 제약하지 않기 때문에 성공에 대한 다른 계산법과 결과적으로 차별화된 목표를 가지고 구독자 기반 서비스는 다른 형태의 콘텐츠를 제작한다. 이 변화는 광고주가 지배하는 시장환경에서 적합하지 않았다고 생각되던 이야기를 하려는 제작자들에게는 중요한 것일 수 있다.

새로운 스토리텔링 가능성이 열린 것을 제외하고 생각해 보면 구독자 기반 플랫폼에서 제작하는 스토리텔링이 제작자들에게 나쁜 것보다 좋은 것이 더 많다고 확실히 말하기는 힘들다. 그럼에도 업계에서는, 심지어는 문화적으로도, 제작환경이 좋아졌다는 쪽의 이야기가 압도적으로 많다. 프로그램 길이와 구조가 엄

중히 통제되고, 스튜디오와 방송국 간부들이 끊임없이 전달하는 '메모'에 제작자가 시달리던 것과 같이 선형 광고 기반 환경에서 특징적으로 일어나고 있던 많은 제약으로부터 이들 제작자는 해방되었다. 이런 담론의 시발점은 구독자 기반 텔레비전을 제작자 자유 확대와 창작자 비전 지원의 장으로 보게 만든 선형구독자 기반 텔레비전, HBO였다.

구독자 기반 서비스가 보이는 전략은 광고 기반 서비스와는 다른데, 그 이유는 이들의 주요 목표가 서로 다르기 때문이다. 구독자 기반 서비스는 구독자를 가입시키고 유지하는 데 목표를 두고 전략을 추진한다. 반면, 광고 기반 서비스는 광고주가 원하는 특성을 가진 시청자를 최대한 많이 모으는 데 목표가 있다. 이런 목표 차이로 인해 프로그램 전략도 차이가 나지만, 그렇다고 해서 창작 자유에 대해서 특별한 접근법을 제시하지도 않는다. 여기에서, 방송국이 제작자를 메모로 정밀통제(*micromanage*) 하는 것과 같이, 규범이 만들어진 관행과 광고 기반과 구독자 기반 간의 근본적 차이에서 비롯된 전략을 구분해서 보는 것이 중요하다. 구독자 기반 서비스처럼(최근 케이블 채널 FX의 상황이 이야기해 주는 것처럼) 광고 기반 모델이 창작의 자유를 허용하지 않도록 하는 법도 없고, 구독자 기반 서비스가 정밀통제되지 않으리라는 법도 없다.

구독자 기반 서비스가 추구하는 창작물을 제작하는 데에는 비용이 많이 든다고 볼 수도 있다. 그리고 구독자 기반 미디어를 위해 프로그램을 개발하는 것이 창작자들에게 더 어려운 일일 수도 있다. 노동조합 계약(*guild agreements*)은 이러한 제작과 전송 법칙 규범에서 일어나는 변화와 보조를 맞추지 못하고 있다. 예를 들면, 비록 시청자는 편성에 있어서 기본적인 관행인 재방송이 없어진 것을 좋아하지만, 이런 규범이 없어지면서 재방으로 상당한 추가 수입을 얻었던 작가와 제작자, 감독, 그리고 어떤 경우에는 배우까지도 상당한 영향을 받았다.

오리지널 콘텐츠를 제작하는 구독자 기반 플랫폼은 수익 계산법을 더 많이 바꾸었다. 대부분의 경우, 넷플릭스를 위해 제작된 프로그램은 전송 제한(*backend*)이 없다. 전 세계 시청자를 대상으로 기반을 구축하려면 플랫폼은 무기한, 전 세계 판권을 노릴 것이고, 편당 구매 스트리밍이나 DVD 판매 정도만이 그나마 가능한 2차 판매 시장이다. 콘텐츠를 인터넷으로 전송하기 전에는 이 시대의 특징이었던 수많은 유통 창구에서 발생하는 추가 저작권 수익(*residual*)이 컸기 때문에 단 한 번의 성공으로도 상당한 경영 유연성을 가지고 추가적인 실험을 할 수 있었다. 인터넷 전송이 추가 소득을 얼마나 감소시킬지, 아니면 결과적으로 노동 단체와의 계약이 이런 규범에 맞게 변화할지를 판단하기에는 아직 이르지만 이런 영역은 분석이 필요한 부분이다. 30

또 다른 구독자 기반 플랫폼이 보이는 차이점 중에서 흥미로운 점은 플랫폼이 조정하는 콘텐츠를 제작하는 제작자까지 포함하여 시청 데이터를 엄밀하게 보호하려는 경향이다. 사례나 제작상황에 따라 달라서 이런 상황이 긍정적일지, 부정적일지 아직 확실하지 않지만, 제작자가 자신이 제작한 콘텐츠를 시청한 시청자수를 알 수도 없고 외부적으로 검증되지 않은 데이터에 의존하는현재 상황은, 비록 이것이 초기 상황일 수 있지만, 전례가 없는상황이고, 어떤 결과를 낳을지 추측할 수밖에 없다. 31

---

30 세세한 예는 다음 책의 제작자 인터뷰 부분에 있다. Michael Curtin, Jennifer Holt, & Kevin Sanson, eds. (2014), *Distribution Revolution: Conversations about the Digital Future of Film and Television*, Oakland: University of California Press.

〔옮긴이 주〕 2019년부터 현재까지 할리우드의 각 직능별 노조는 다양한 교섭을 통해 스트리밍 서비스에 대한 추가 저작권 소득을 얻어내고 있다. 예를 들면, 2019년 미국 배우노조인 SAG-AFRTA는 넷플릭스와 별도의 계약을 맺고추가 저작권료를 받기로 하였다. https://www.backstage.com/magazine/article/hollywood-unions-streaming-service-pay-74135/

31 Joe Adalian & Maria Elena Fernandez(2016. 5.), "The Business of Too Much TV", *Vulture*, http://www.vulture.com/2016/05/peak-tv-business-c-v-r.html.

구독자 기반 플랫폼으로
기존과는 다른 상업 영상 제작이 가능할까?

플랫폼 전용으로 시리즈를 제작하는 것은 아직 새로운 현상이기는 하지만, 20년 이상 역사를 가진 HBO의 오리지널 시리즈 제작을 보면 구독자 기반 미디어가 광고 기반 텔레비전과는 정말 다른 콘텐츠를 제작한다는 것을 알 수 있다. 또 하나 중요한 점은 HBO의 경우와 함께, 공영 방송 서비스 의무를 지키면서 제작된 텔레비전도 광고주가 지배했던 텔레비전과는 다른 역사를 미국 텔레비전이 가질 수 있다는 가능성을 오랫동안 보여 줬다.

구독자 기반 텔레비전은 전체 시장 안에서 비교적 소규모였고, 이 수익 모델이 콘텐츠와 제작자에 대해 미치는 긍정적인 점과 부정적인 점을 더 잘 파악하기 위해서는 구독자 플랫폼이 자체 제작하거나 외주 제작한 콘텐츠의 본질에 대한 증거가 더 많이 필요하다. 광고 기반 텔레비전은 광고주가 원하는 시청자를 유인할 가능성이 있는 콘텐츠를 제작하는 데 목표가 있다. 그러나 구독자 기반 서비스는 구독자가 월정액을 지불하는 것을 정당화해 줄 콘텐츠를 제공하려고 한다.

다양한 수익 모델이 가진 서로 다른 조건과 함께, 기타 관련 요소들 또한 콘텐츠를 차별화시킨다. 구독자 기반 미디어는 광고 시간이 규칙적으로 있어야 할 필요가 없으므로 이야기 구조를 다르게 만들 수 있다. 게다가 플랫폼의 비선형 가용성으로 콘텐츠 길이도 더 유연할 수 있다. 넷플릭스 초기 몇몇 오리지널 콘텐츠의 길이와 구조에 대한 논의에서 나타났듯이, 선형 규범의 편당 시간을 넘어설 수 있다고 반드시 더 좋은 이야기를 생산하는 것은 아니다. 32 마지막으로 시즌 전편을 한꺼번에 공개하는 플랫폼을 위해서 콘텐츠를 제작하는 제작자는 매주 에피소드를 공개하는 시리즈를 제작하는 제작자와는 다른 수용자 소비 양식을 기대할 것이다. 비록 제작자들 간의 비공식적인 논의에서만 이런 요소들이 콘텐츠 개발에 중요하다고 이야기되고 있지만, 조만간 이야기 구조나 전략에 대한 연구 분석은 플랫폼 전용 프로그램의 차별화 가능성에 대해서 더 명확하게 보여 줄 것으로 기대된다.

어떻게 플랫폼 전략이
주류문화와 하위문화를 구성하는가?

누가 구독하는지, 왜 구독하는지 그리고 플랫폼 시청이 문화 경험으로서 이전의 시청 규범과 어떻게 다른지는 이미 광범위하게 일어나고 있는 현상임에도 불구하고 많은 부분이 잘 알려지지 않

---

32 Maureen Ryan (2015. 8. 27.), "Netflix, Binging and Quality Control in the Age of Peak TV", *The Huffington Post*, http://www.huffingtonpost.com/entry/netflix-binging-and-quality-control_us_55df5816e4b029b3f1b1f62.

았다.33 다수의 연구가 케이블 텔레비전 후반기에 시청자 분화 (*fragmentation*)가 나타났다고 발견하였고 이런 시청자 대중의 '파편화'(*breaking up*)를 대부분 우려할 사안으로 보았다.34 플랫폼이 콘텐츠 분화를 더 가속하는 또 다른 장을 만들었고, 비선형성으로 시청자들이 동시에 시청할 필요가 없어서 시간적으로도 시청자를 파편화하는 것은 분명하다.

우리가 과거의 문화 구조를 향수 어린 시각으로 보는 것은 조심해야 하며, 잃어버렸다고 생각하는 공동체 문화에 대한 인식과 광고 기반 지상파와 케이블 텔레비전으로 만들어졌던 세계관의 협소함을 조심스럽게 저울질해야 할 것이다. 자신의 문화가 지배적이었던 사람들에게는 그때 강제적으로 공유되었던 문화가 사라지는 것이 상실로 보일 수 있겠지만, 이렇게 강제로 공유되었던 문화로부터 많은 사람이 소외되었고, 소외된 수용자에게 그 문화는 낯선 것이었다. 이제야 소외된 그들은 자신과 자신의 삶이 대변되고 있다고 생각한다. 게다가 몇몇 플랫폼의 국제적 영

---

33 2016년 현재 미국 가구 중 절반이 구독자 기반 서비스를 이용한다. Nielsen Media Research(2016. 6. 27.), "Milestone Marker: SVOD and DVR Penetration Are Now on Par with One Another", Nielsen Insights, http://www.nielsen.com/us/en/insights/news/2016/milestone-marker-svod-and-dvr-penetration-on-par-with-one-another.html.

34 Joseph Turow(1998), *Breaking Up America: Advertisers and New Media World*, Chicago: University of Chicago Press.

역확장은 이전의 텔레비전 기술과 관행으로 당연시되었던 국가 체계와 지리적 근접성이라는 텔레비전의 문화적 역할을 와해시키고 있다. 이런 국제적인 확장은 비근접문화와 하위문화에 상당한 영향을 미칠 것으로 보인다.

결론

경영의 관점에서 본다면 구독자 모델이 가진 법칙은 수용자가 지상파와 케이블 전송의 규범에서 벗어나 인터넷 텔레비전을 시도할 수 있도록 전환시켰기 때문에 아주 성공적으로 보인다. 케이블 텔레비전이 등장한 초기 몇 년간 보인 것과 같이 상당한 정도의 서로 다른 수요가 존재하기 때문에 시청자는 다양한 이유로 프로그램 서비스가 추가되기를 원한다. 구독형 라이브러리 모델과 복합 틈새 조성 전략은 인터넷 전송 비디오 서비스의 초기 단계에 부합한다. 초기 케이블 채널에서 나타난 묶음 전략이 그랬는데, 케이블 서비스 구독이 다양한 콘텐츠를 찾는 서로 다른 요구와 맞았기 때문이다. 35 시간이 지남에 따라 케이블 채널은 시청층을

---

35 순회와 구독형 도서관은 비록 비슷한 정액 회원료 지불 형태이지만 서로 다르다. 구독형 도서관은 학문적인 자료들을 모아 두는 경향이 있었고, 좁은 엘리

줍게, 아니면 특색 있는 브랜드를 구축했지만, 이 전략은 케이블 채널이 소속된 복합 미디어 기업들이 콘텐츠 제작을 독과점하고 있었기 때문에 수행할 수 있었다. 이 기업들은 케이블과 위성 방송망 사업자들과 협상하면서 시청층이 더 협소한 복수의 채널을 송출하기 위해서 특정 인기 채널을 이용하는 전략을 택했다. 많은 면에서 플랫폼들은 오랫동안 시행하려고 했던 '채널 개별 공급형'(á la carte) 케이블 환경을 도입한 것이다. 이 환경에서 시청자들은 그들이 바라는 프로그램 서비스 범위를 더 엄밀히 선택할 수 있게 되었다.

구독자 기반 플랫폼이 초기 단계에서 성공을 보인다고 해서 플랫폼 경영모델의 성패를 판단하기에는 아직 이르다. 하지만 분명한 것은 구독자 기반이 광고 기반에 의존하는 것보다는 경제적인 관계에서 아주 덜 복잡하다는 사실이다. 지난 20년 내내 텔레비전 발전은 구독자 기반 서비스가 지속해서 주도해 왔다. HBO와 쇼타임이 처음에는 다관동시상영(multiplexing), 그 다음은 주문형, 오리지널 시리즈 개발, 그리고 최근에는 인터넷 플랫폼 추가 제공 서비스 등을 최초로 개발한 회사라는 점을 고려하면 그렇

트 구독자층이 사용했다. 반면, 순회도서관은 일반 주민들에게 소설책(당시에는 저속한 문화였던)을 제공하면서 인기가 있었다. 구독자 기반 플랫폼의 경우는 순회도서관에 가깝다. 그러나 순회도서관과 구독형 도서관 간의 차이가 널리 알려지지 않았기 때문에 혼동하기 쉽다.

다. 이런 것은 앞으로 계속 유지될 구독자 기반 모델의 고유한 장점이 아닐 수도 있지만, 경제적 거래에서 이런 단순한 관계는 새로운 관행의 불확실성에 이들 기업이 더 잘 대처할 수 있도록 한다. 새로운 계산법을 만들어 광고 가격을 매기는 복잡함으로 인해, 특히 새로운 모델에 대해서도 기존 선형 모델을 이용하려는 광고주 때문에, 광고 기반 서비스는 광고주가 전문적인 콘텐츠를 만들기 위한 재원을 조달하기에는 부적절하게 되었다.

중요한 것은 광고 기반 텔레비전이 구독자 기반 서비스가 시작한 혁신을 바로바로 수용해 왔다는 점이다. 이전부터 시장에서 통용되었던 광고 기반 텔레비전의 수익 모델과 가치제안이 이미 지속해서 변화를 반복해 왔듯이 제공 가능한 프로그램 서비스와 상대적 특화의 정도에 따라 진화는 계속될 것으로 예상된다.

중요하게 짚고 넘어갈 점은 여기에 기술된 구독자 모델의 특징이 광고를 기반으로 하는 플랫폼을 이해하기 위한 정보는 별로 주지 않는다는 것이다. 비록 수익 모델은 수많은 산업적 요인 중 하나에 불과하지만, 광고와 구독자 기반의 차이로 인해 아주 차별화된 논리가 생기고, 전송기술과는 상관없이 미디어 경영을 차별화하는 일련의 전략이 나타났다. 여전히 인터넷 텔레비전이 자리잡기에는 아직 이른 단계이고, 비록 여러 전략이 나타나기는 했지만, 성공과 평가 기준은 아직 불확실하다.

이 책이 시도한 연구대상이 아직 발전 초기 단계에 있고 그 상황이 불명확할 수 있지만, 텔레비전 산업에서 일어나는 변화를 이해하기 위한 틀을 짜기 시작하는 일은 필요하다. 그런 예로, 인터넷 전송 플랫폼이 서로를 차별화하기 위해서 쓰는 전략을 분류하는 것이나 완전한 추정이 아닌 신규 산업의 운영 실례를 중심으로 구독자 모델의 특성을 탐구하는 것과 같은 틀이 필요하다. 일반적으로 요구되는 비판적 학문의 임무는 산업구조나 주요 논리와 같은 문제의 결과를 여기에 기술된 것보다는 더 깊이 탐색하는 것이다. 이 책이 초기적인 시도를 하면서 구독자 기반 플랫폼이 만들어 내는 결과물에 대해서 광범위하면서도 증거에 기반한 주장을 하기에는 이 업계의 활동이 아직 초기이고 불확실하다고 판명된다. 하지만, 이들 플랫폼의 경영 논리와 전략 등을 선형 광고 기반 텔레비전이 가지는 것과 비교하고 중요한 특징을 탐색하는 것이 필요하다.

신규 모델에 대해서 세밀한 차이를 살피는 구별은 인터넷 전송을 이해하는 데 중요한 초기 단계이다. 사실 변화의 순간에는 관행들이 때로는 순식간에 사라져서 깊이 있는 비판적 탐구가 불가능할 때도 있다. 한순간에 규범으로 여겨졌던 것이 그 분석이 인쇄되기도 전에 사라지기도 한다. 비록 현존하는 미디어 복합기업들이 플랫폼 시장을 지배할 것으로 보이지만, 인터넷 텔레비전의 수직 집중 결과는 섬세하지 않고 표면적인 면에서만 비슷해 보일 것이다. 시장과 자본이 모든 경우의 수에서 똑같이 작동한다고

추정하기보다는 차이를 이해하고 설명함으로써 통찰력을 상당히
얻을 수 있을 것이다.

3

인터넷 텔레비전의 전략

수직 집중과 스튜디오 플랫폼

인터넷 텔레비전이 처음부터 색다른 가용성을 드러냈지만, 그렇다고 인터넷 텔레비전이 하루아침에 나타난 것은 아니다. 미국 가정에 인터넷이 보급되고 인터넷 텔레비전이 등장하기 전부터 지상파와 케이블, 위성 텔레비전 방송 간에 경쟁으로 오랫동안 지켜졌던 법칙들이 상당히 변화하게 되었다. 인터넷 기술 도입 이전의 텔레비전 산업의 구성원들, 우리가 현재 '레거시' 산업이라고 구별하는 텔레비전 업계가 받아들인 수익 모델과 경쟁 전략의 조정들을 잘 이해해야만 인터넷 텔레비전을 존재하게 한 이전의 변화를 정확히 찾아낼 수 있다.

미국 텔레비전 업계는 인터넷 텔레비전 등장 직전 몇 년 동안 구독자 지불과 수직 집중에 대한 의존도를 높여 왔다. 이런 행위는 인터넷 텔레비전 등장 이후 더 중요하게 된다. 그래서 비선형성이 가진 가용성으로 나타난 새로운 규범 때문에 인터넷 전송 서비스가 기존의 규범을 상당히 교란하기는 했지만, 두 가지의 원인이 인터넷 전송이 아니라는 사실을 깨닫게 되면 이 간단해 보이는 인과 관계는 훨씬 더 복잡해진다.

앞 장에서 구독자 기반 경영의 결과에 대해 이미 알아보았다. 이번 장에서는 수직 집중으로 초점을 바꾸겠다. 새로운 현상이 아닌 것은 분명하지만, 텔레비전 산업이 새로운 전송체계를 받아들이면서 수직 집중의 중요성은 높아졌다. 다수의 플랫폼은 플랫폼이 전송하는 콘텐츠의 대부분, 혹은 전부를 가진 회사들의 소유이다. 나는 이들 회사와 같이 기소유 콘텐츠를 재사용하는 것을 설립 목표로 하는 플랫폼을 '스튜디오 플랫폼'이라고 구분하겠다. 미디어 복합 기업(conglomeration)으로 업계의 중심이 이동할 때와 영화제작사가 영화 상영관까지 소유했던 때 나타난 미디어 산업의 관행을 보면 수직 집중의 전략적 이익을 알 수 있다. 하지만, 경쟁적인 인터넷 텔레비전 시장이 형성되면서 수직적 집중이 결정적 역할을 수행할 것으로 보이기 때문에 지금 이 부분을 새롭게 조명할 필요가 있다. 2016년 인터넷 텔레비전이 모습을 드러내던 초기 단계에도 지적재산을 소유하는 것이 플랫폼 서비스를 시작하는 데 필요조건인 것으로 나타났다. 이런 진입 장벽이 존재한다는 사실은 인터넷 텔레비전 업계에서 보일 경쟁 역학은 선형 기반 텔레비전의 역학과 큰 차이가 없으리라는 것을 확실히 보여 준다.

인터넷 텔레비전 이전에 나타난
투자와 경쟁 전략

미국 텔레비전 산업을 일체성을 가진 것으로 간주하는 경향에도 불구하고, 이 '산업'은 오랫동안 서로 다른 업계와 업체 다수로 이루어져 있었다. 비록 점점 더 서로 연관되는 정도가 강해지고 있지만, 상이한 다수의 분야가 미국 텔레비전 산업을 구성하고 있다. '네트워크 시대' 상당 기간 전송업이 대부분을 차지하였고, 지상파 신호와 나중에는 케이블 전선과 위성 송신을 통해서 전송할 프로그램을 편성하는 것이 주된 업무이었다.[1]

지상파 부분 하나만 보더라도 상이한 다수의 업종이 있다. 예를 들면 시청자 다수가 좋아할 만한 콘텐츠를 전송 계약하고, 이를 시청하기 위해 모인 시청자를 광고주에게 되파는 비즈니스를 하는 지상파 네트워크[2] 업종과 지역 방송사의 편성표를 만들고

---

1 Miége, *The Capitalization*; Lotz, *The Television*.
2 〔옮긴이 주〕미국의 방송 시스템의 그 발전사가 한국과는 달라서 지역 방송사와 이들에게 일정 정도 프로그램을 제공하는 네트워크와는 비교적 독립적인

<표 3-1> 지상파와 케이블 텔레비전 산업 구성도

지상파
네트워크 사업 (배급; 시청자를 광고주에게 판매 수익)
지역 방송국 사업 (배급; 지역 시청자를 광고주에게 판매 수익)
케이블
케이블/위성 서비스 (배급; 가입자에게 서비스 판매)
케이블 채널 (배급; 광고주에게 시청자를 판매 수익, 케이블/위성 서비스에 대한 사용료)
스튜디오 제작사 (제작; 콘텐츠 제작과 판매, 지적재산 관리)

프로그램을 보기 위해 모인 시청자를 지역 광고주에게 판매하는 일을 하는 지역 방송국 소유업이 있다. 이들 지역 방송국의 대부분은 네트워크 소속사이다. 이러한 사업 관계는 지난 30년간 상당한 변화를 보여서 이전에는 네트워크가 지역 방송사에게 소속사로 머무는 대가를 지급했지만, 지금은 지역 방송사들이 네트워크에 콘텐츠 전송 사용료를 지급한다. 지역 방송사와 네트워크 경영은 기본적으로 차이가 있지만, 교차 소유로 복잡하게 얽혀 있다. 네트워크는 정부 규제가 허용하는 한도 내에서 규모가 크

관계를 유지하고 있다. 네트워크는 방송사에 주요 시간대 프로그램을 공급하는 역할을 하며, 직접적인 전송 전파 채널을 소유하지는 않는다. O & O (Owned and Operated) 라고 해서 주요 지역 방송사를 직접 소유, 운영하기도 한다. 프로그램 공급만을 받는 계열사는 affiliated station이라고 부른다. 이를 통해 전국적으로 일관성 있는 서비스를 네트워크는 제공할 수 있다.

고 수익성이 좋은 지역 방송사 여러 개를 소유하고 있다.

이와 비슷하게 케이블 서비스 전송사업(위성과 기타 유선 전송 회사도 포함하여)은 가입자에게 일군의 케이블 채널을 사용할 수 있는 서비스를 판매한다. 각 채널은 지상파 네트워크처럼 콘텐츠 사용 허가를 받아 편성하고 이를 통해 시청자를 모아서 광고주에게 판매한다. 여기에서 또한 케이블 망사업자와 케이블 채널 간의 교차 소유가 존재하지만, 지상파 네트워크와 케이블 채널 간에서 교차 소유를 더 많이 발견할 수 있다. 〈표 3-1〉는 그와 같은 상호 독립적이면서도 연관된 사업 구분을 볼 수 있다.

지금까지 분류한 전송 중심 텔레비전 사업 분야와는 별개로 제작 사업이 존재하는데, 제작사는 콘텐츠를 만들고 네트워크와 케이블 채널, 그리고 최근에는 플랫폼에 지적재산을 판매하거나 사용 허가를 한다. '적자 판매'(*deficit funding*)라고 업계에 알려진 합의는 네트워크 시대 대부분에 드라마 제작 사업에서 주로 쓰인 자금조달 방식이었다. 특히 1971년 자금 투자이익과 재판매 규제(핀신, the Financial Interest and Syndication Rules; Fin Syn)가 시작된 이후 네트워크는 자사가 소유하지 않은 제작사로부터 거의 모든 프로그램을 구매해야 했다.[3] 콘텐츠 제작에 수반하는 상

---

3 Jennifer Holt (2011), *Empires of Entertainment: Media Industries and the Politics of Deregulation* 1980~1996, pp. 54~66. New Brunswick: Rutgers

당한 위험에 대비하기 위하여, 네트워크는 프로그램을 완전히 소유하기보다는 사용 허가만 받으려고 노력했다. 네트워크는 제작비의 약 70% 정도를 제작사에 지급하였고, 제작사는 제작 자금조달에서 적자를 보면서도 콘텐츠를 제작하였지만 동시에 그 시리즈의 소유권을 가졌다. 성공한 시리즈는 지역 방송국이나 해외구매자와 같은 2차 시장에 판매할 수 있어서, 네트워크 시대 동안에는 이 2차 시장에서 콘텐츠 제작이윤이 상당히 발생하였다. 그 후 케이블이 또 다른 구매자로 등장하였고, 가장 최근에는 넷플릭스와 아마존 비디오, 훌루 같은 플랫폼이 그 뒤를 이었다.

1990년대 중반에 핀신 규제가 없어진 이후 이런 방식은 미묘하게 변화하기 시작해서 처음에는 네트워크가, 그다음에는 케이블 채널이 제작과 배급을 수직적으로 통합하였고, 미디어 복합 기업 내에서 내부 제작사가 계열사에 편성되는 프로그램 대부분을 제작하게 하였다. 같은 계열 안에서 콘텐츠를 독점하면서, 콘텐츠 이용은 더욱 힘들어지게 되었다. 1990년대에서 2000년대 초반까지 계열 제작사와 네트워크 대부분은 디즈니와 바이어컴, 뉴스코프(News Corp.)와 같은 미디어 복합 기업 내의 독립 사업체 중 하나로 운영되었고, 이들 제작사의 사업성과는 네트워크로부터 독립되어 평가되었다. 이로 인해 이전의 규범은 지속되었고 계열

University Press.

사 소속으로 인하여 효율성이 높아질 수 있었지만, 제작사와 네트워크 대부분은 대체로 분리 운영되었다. 시간이 지남에 따라 서로 더 밀접한 관계를 가지는 쪽으로 발전하였지만, 대체로 '제작사'와 '네트워크' 간에는 경영진을 여전히 분리하여 두고 있다.

실례를 들자면, 핀신 규제가 없어지면서 NBC 스튜디오(NBC Studios)는 NBC 네트워크에서 방송하는 프로그램의 지배적인 공급원이 되었다. 그렇지만, 회계 측면에서 보자면 NBC 네트워크는 프로그램 하나를 사용하기 위하여 NBC 스튜디오에 제작비의 약 70%가량을 여전히 지불하고 있다. 그리고 30%의 적자를 보면서 콘텐츠 제작을 하는 NBC 스튜디오는 그 시리즈를 2차 시장에 팔아 수익을 내고 있다. 계열기업이 소유한 시리즈를 사용하는 것은 복합 기업 구조 내에서 비록 제작사와 네트워크가 여전히 개별적으로 평가를 받기는 하지만, 계열사 간의 공통된 이해를 추구할 수 있도록 더 잘 보장하는 수단이다.[4]

비록 핀신 규제에 적용을 받지는 않았지만, 케이블 채널은 2000년대 초반부터 드라마를 제작할 때 이전에 있던 지상파 프로그램 제작 관행을 따랐다. 케이블 채널 다수가 외부 제작사로부터 첫 오리지널 드라마를 구매했는데, 사실 케이블 오리지널 시리즈는 아주 모험적이었고 2차 시장에서 가치가 크지 않으리라고

---

4 Lotz, *The Television*, 94.

생각되어서 같은 계열 제작사 임원까지도 이를 지나치게 위험하다고 볼 정도였다.[5] 이런 케이블 오리지널 프로그램들이 성공하는 동안, 케이블 채널들은 지배적인 지상파 제작 관행을 따랐다. 2000년대 초반에 처음 시도한 후, 2010년경부터는 케이블 회사 다수가 자사 제작사를 설립하여 채널에 편성된 프로그램을 제작하였다. 예를 들면, 〈매드 맨〉(Mad Men)을 제작한 스튜디오인 라이온스게이트(Lionsgate)가 외주 계약으로 대박을 터뜨리고, 그 후 소니가 〈브레이킹 배드〉(Breaking Bad)를 제작하면서 비슷한 결과를 보이자, AMC는 AMC 스튜디오(AMC Studios)를 2010년에 설립하였다. 2차 시장에서 발생하는 수익에 대한 투자 지분을 지키기 위해서 AMC 스튜디오가 다음 시리즈들을 제작했다. 이때 수직 집중의 확장은 더 명확하게 드러났고, 미국 내 케이블 채널을 소유한 이들 복합 기업은 규모의 경제를 확장하기 위해서 해외시장에서도 채널을 매수하거나 설립하였다.

따라서 이즈음에 핀신 규제 폐지로 가능해진 제작과 전송 기업 간 교차 소유와 1990년대 보인 일련의 기업 인수 합병의 결과로 텔레비전 산업관행과 전략에 결정적 전환이 가능해졌다. 이는 인터넷 텔레비전과의 경쟁이 업계가 더 변화시키기 전에 시작된 것이다. 보통 수직 집중은 경쟁 전략으로 이해되지만, 이는 레거시

---

5 Amanda D. Lotz, *We Now Disrupt This Broadcast.*

텔레비전 산업의 주된 수익 모델이 전통적으로 광고에 의존해 온 것에서 멀어졌음을 의미하기도 한다. 텔레비전 제작과 전송은 개별 사업으로 수익성이 여전히 있었지만, 1990년대에 걸쳐 일어난 핀신 규제의 폐지와 복합 소유 구조로 인해 수익 다변화가 가능해졌다. 이로써 광고 의존도가 낮아지고 네트워크와 케이블 사업에서도 지적재산은 중요한 요소가 되었다.

지적재산에 대한 의존도를 높이면서 미국 텔레비전 업계는 수익원을 다변화하고 전략을 변화시킴과 동시에, 네트워크와 채널들은 가입료에 더 의존하게 되어서 업계의 수익흐름은 더 수정되었다. 가구당 월정액으로 케이블망 사업자에게 지급하는 사용료에서 대부분 케이블 채널은 수익의 반을 충당하여 광고 수익을 보충하였다. 이 가입자 수익은 1990년대와 2000년대에 증가세를 보여 많은 케이블 채널의 주 수익흐름이 되었다. 예를 들면 FX의 존 랜드그래프(John Landgraf) 사장은 그가 2004년 FX에서 일을 시작했을 때 채널 수익의 55%가 광고 수익에서 나왔지만, 2015년에는 광고 수익은 겨우 34%를 차지했고 1년에 1%씩 줄어들었다고 밝혔다.6 케이블 채널이 주로 광고 기반이라고 여전히 많이들 생각하지만, 주 수익원에서 보인 이런 변화를 고려하면 가입자 수익이 주된 기반이고 광고 수익은 보조적이라 보는 것이 더 정확하

---

6 KCRW's The Business (2015. 9. 18.), Interview with John Landgraf.

다. 재정적인 변화를 넘어서 이 변화는 2000년대 초반의 프로그램 전략에서 나타난 변화를 설명하는 데 중요한 요소이다. 7

이렇게 광고 의존성이 낮아지는 현상은 케이블 텔레비전에만 국한되어서 나타나는 것은 아니다. 지상파 텔레비전도 2010년까지 케이블의 이중 수익(dual-revenue) 구조를 완전히 수용했다. 지상파는 재전송료라는 명목으로 2006년부터 케이블 망사업자로부터 가입자 수익과 비슷한 것을 받기 시작했다. 8 2010년까지 네트워크와 지역 방송사는 케이블 채널의 경영모델을 따랐고 이런 맥락에서 분석가 마이클 네이선슨(Michael Nathanson)은 2014년을 '분수령'이 되는 해라고 적시했다. 이해 처음으로 지상파가 케이블과 위성방송에서 벌어들이는 수익이 광고 수익을 초월했기 때문이다. 9 2015년에 이르면, 재전송료는 지상파 네트워크에 63억 달러의 수익을 안겨 주었다. 10 자사 소유 직영 방송국에서는

---

7 Lotz, *We Now Disrupt This Broadcast*.

8 중요한 사실은 위성방송과 통신사 계열(telcos) — 버라이즌과 AT&T 같이 역사적으로 전화 서비스를 제공하던 비디오 서비스의 새로운 경쟁자들 — 은 이미 지상파 방송사에 사용료를 내고 있었다는 점이다. 경쟁 후발 주자로서 이들은 기존 케이블 서비스보다 20~50% 정도 더 사용료를 지급했다. Cynthia Littleton(2016. 6.), "Pay TV under Pressure", *Variety Thought Leader Report*, 4.

9 Cited in Littleton, "Pay TV under Pressure", 3.

10 S. N. L. Kagan(2016), "Broadcast Retransmission Fees in the U. S. from 2006 - 2021", Statista, https://www-statista-com. proxy. lib. umich. edu/

사용료 전액을, 그리고 계열 방송국에서는 대개 절반의 재전송료를 받던 네트워크에게 중요한 수입원이 되었다.

핀신으로 분사했던 텔레비전 사업이 통합되었지만, 아직 의미 있는 인터넷 서비스가 나타나기 전인 그 중간 시기는 인터넷 텔레비전 시작과 이로 가능해진 비선형 전송과 관련한 업계 관행을 조정하는 데 필요한 배경이 되었다. 일련의 미시경제적 조정이 구체화하면서 1990년대 중반에서 2010년까지 만들어져 왔던 미국 텔레비전 산업 비즈니스를 재정립하였다. 1990년대 중반부터 일반화된 이 비즈니스 관행은 그 시기 이후에 시작된 인터넷 전송 영상 도입으로 나타난 상당한 변화와는 대체로 다른 양상을 가지고 있었다. 인터넷 전송 서비스 등장 전에 나타난 변화는 채널 수가 많아짐에 따라 시청자가 채널별로 넓게 분산되어 시청자 수가 줄어든 것에 대한 대응이었다. 또한 2008년 자본위기 사태에 대한 대응이기도 했는데, 인터넷 전송업계 경쟁자들이 시청자를 더 파편화하면서 지배적이던 광고 기반 시스템을 대체하기 바로 전에 이런 모든 현상이 일어났다. 덧붙이면 이때까지 약 20년간 이런 형태의 과도기 사업 형태가 진행되었고, 이 무렵 경영자 세대는 핀신 규제와 관련된 업계 관행을 경험하지 못해서 제작사와 네트워크가 서로 분리되어야 한다는 생각 틀은 없었다.

statistics/256358/broadcast-retransmission-fees-in-the-us/.

중요한 것은 이후 텔레비전 방송 관련 미디어 복합 기업들이 그들의 텔레비전 사업을 다각화하여 수익을 세 가지 흐름으로 만들었다는 점이다. 네트워크와 채널이 제공하는 프로그램을 편성하여 모은 시청자를 판매함으로써 나오는 광고 수익과 네트워크와 채널을 다채널 시스템에 전송하는 대가로 케이블/위성/통신(*telco*) 회사에서 받는 재전송/계열사 수익, 제작사 소유 지적재산을 다양한 기존 시장(신디케이션 시장, 네트워크망 외 케이블 방송, 해외시장) 그리고 새롭게 등장한 2차(인터넷 프로그램 서비스, DVD, 아이튠즈와 같은 전자거래) 시장에 판매하여 얻는 수익 등이 그것이다.

인터넷 텔레비전의 수직 집중

구독자 수익 모델의 사용이 확장되는 것과 함께, 인터넷 전송 플랫폼이 가진 가용성으로 인하여 업계 운영에 나타난 또 다른 큰 변화는 텔레비전 제작자와 수용자 사이에 다층적으로 존재하는 중간자(*middlemen*), 더 학술적인 면에서는 매개자(*intermediaries*)의 역할이 줄어든 것이다. 앞에서 본 바와 같이 인터넷 전송 서비스가 나타나기 전에 이미 전송 서비스가 집중됐지만, 미국 텔레비전은 여전히 일련의 '묶음'으로 구성되었다. 니담 사(Needham and Associates)의 분석에 따르면, 이로 인해 텔레비전 생태계에는 연 100% 정도의 추가 수익이 생겨날 정도로 시청자가 부담하는 비용이 상당히 증가하였다.[11] 미국 지상파와 케이블은 묶음을 다시 한 번 더 묶는 것이 특징이라고 이 분석은 설명한다. 개별 프로그램은 채널로 묶인다. 바이어컴과 디즈니, 타임워너, 디스커버리(Discovery) 같은 채널 소유주들은 채널 묶음을 컴캐스트나 디렉트티비(DirecTV)와 같은 다채널 영상 프로그램 전송사업자(Multichannel Video Programming Distributors, MVPDs)에게 판매한다. 다채널 영상 프로그램 전송사업자는 채널에 차등을 두고 묶어서 시청자에게 판매한다. 다채널 영상 프로그램 전송사업자는 또 이 영상 채널을 인터넷 서비스 및 가정용 및 휴대전화 서비스와 결합 판매한다.

이렇게 묶음에 의존하는 것은 — 특히 채널로부터 콘텐츠를, 그리고 케이블 채널 묶음으로부터 채널을 분리하지 못하게 하는 묶음 — 미국 내 대부분 지역에서 인터넷과 케이블 서비스 시장이 경쟁적이지 않다는 점과 함께 미국 텔레비전 전송 산업 역학을 또 다른 의미에서 특이하게 만들었다. 인터넷 전송이 등장하기 전까지 가장 비경쟁적인 제약은 콘텐츠 제작사가 다채널 영상 프로그

---

11 Laura Martin & Dan Medina(2013. 7. 11.), "The Future of TV", *Needham Insights.*

램 전송사를 대상으로 행사한 상당한 영향력이었다. 수백 개의 채널이 존재하기 때문에 미국 텔레비전 지형은 아주 경쟁적으로 보이지만, 2013년의 분석에서는 9개 회사〔디즈니와 폭스(Fox), 타임워너(Time Warner), 컴캐스트/NBC 유니버설, CBS, 바이어컴, 디스커버리, 스크립스(Scripps), AMC〕가 미국 내 방송업계 제작 텔레비전 콘텐츠의 90%를 통제하고 있다고 나타났다.[12] 이는 1990년대 미국 내에서 미디어가 집중된 정도를 보여 준다. 그 결과로 각 콘텐츠 회사들이 몇 개 채널과 콘텐츠에 대한 권리를 가지고 있으면서 이를 다채널 영상 프로그램 전송사업자로부터 전송료를 더 많이 받아내기 위해 사용했다. 이는 1930년대와 1940년대에 영화제작사가 사용했던 일괄 판매(block booking)와 흡사한 방식이다. 예를 들면, 한 케이블 회사가 디즈니사의 ESPN이나 바이어컴 사의 니켈로디언 채널과 같은 '필수' 콘텐츠를 전송하고 싶어 하는 경우, 이 콘텐츠 소유사는 그 회사에게 자사 소유 채널 몇 개를 추가로 가장 기본적인 요금제에 포함시켜 달라고 요구할 것이다〔예를 들면 디즈니사의 경우, 프리폼(FreeForm)과 디즈니 주니어(Disney Jr), 툰 디즈니(Toon Disney), 디즈니 HD(Disney

12 Todd Spangler(2013. 11. 29.), "Pay-TV Prices Are at the Breaking Point ─And They're Only Going to Get Worse", *Variety*, http://variety. com/ 2013/biz/news/pay-tv-prices-are-at-the-breaking-point-and-theyre-only-going-to-get-worse-1200886691/.

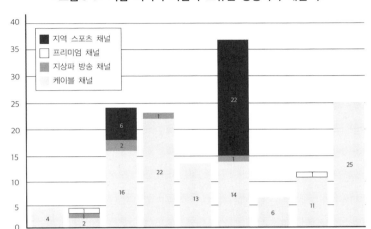

<그림 3-1> 복합 미디어 기업이 소유한 방송사와 채널 수

범례:
- 지역 스포츠 채널
- 프리미엄 채널
- 지상파 방송 채널
- 케이블 채널

인용: 〈버라이어티〉, 사별 리포트와 SNL KAGAN, RBC CAPITAL MARKETS ESTIMATES 데이터 재조합. 데이터에서 제외된 것은 AMC 네트워크의 BBC AMERICA 지분과 CBS의 POP AND THE CW 지분, 컴캐스트의 FOUR CABLE CHANNELS와 TWO RSNS 지분, 타임워너의 THE CW 지분, 바이어컴의 EPIX 지분.

HD) 같은 채널, 바이어컴의 경우 VH1와 VH1 클래식(VH1 Classic), 스파이크, 로고(Logo) 등의 채널이 예가 된다]. 이런 비경쟁적 역학 때문에 '광고 기반' 텔레비전 분야에서도 구독료 의존이 늘어났다.

〈버라이어티〉(*Variety*) 지의 기사에서 발췌한 〈그림 3-1〉은 전문적으로 콘텐츠를 제작하는 9개의 미디어 복합기업이 다수의 공동 소유 채널을 통해서 유통하는 방식을 잘 보여 주고 있다.[13]

---

13 Littleton, "Pay TV under Pressure", 8.

대체로 계속 인상되는 이용료에 대해 소비자는 단순하게 전송업자만을 비난하였고, 그 덕에 콘텐츠 독과점사는 소비자 시야에서 벗어나 위에서 본 것처럼 다채널 영상 프로그램 전송사업자를 대상으로 제한 없는 권력을 발휘했다. 1990년대 중반 위성방송 경쟁이 시작되면서 많은 시청자는 케이블과 위성방송 서비스 사이에서 선택권을 가지게 되었다. 하지만 콘텐츠 소유자들은 시장에 있는 모든 전송업자들이 초대형 채널 묶음이라는 동일한 서비스를 제공하게 만들었다. 1990년대 후반부터 2000년대 초반까지 케이블 채널 몇 개는 오리지널 콘텐츠에 투자를 훨씬 더 많이 하기 시작했고, 그 대가로 다채널 영상 프로그램 전송사업자에게 전송료 인상을 요구했다. 1990년대 후반 디지털 케이블 시스템 도입 후 채널 수가 폭발적으로 증가함과 동시에, 앞에서 본 변화로 인해 시청자가 부담하는 케이블 비용은 눈에 띄게 증가하였다. 전송 서비스 제공자에 대한 시청자 불만은 증가했지만, 콘텐츠 독과점 때문에 전송업자들이 그 상황에서 할 수 있는 것이 많지 않았다. 콘텐츠 제작자는 높은 이용료와 묶음 판매를 요구했고 다채널 영상 프로그램 전송사업자는 콘텐츠 회사가 요구하는 비용을 소비자에게 떠넘겼다.

다채널 영상 프로그램 전송사업자와 소비자의 관계는 폭발 직전의 화약고 같았고, 이때 인터넷 텔레비전이 등장했다. 망 중립성 규제로 인해 콘텐츠 소유자가 전송망 내에서 우선권을 망사업자로부터 획득하지 못하게 되면서, 14 새로운 형태의 전송을 모색하려는 움직임이 나타났다. 다채널 영상 프로그램 전송사업자는 21세기 초반에 케이블 서비스 전송사업자에서 인터넷 서비스 전송사업자로 조용히 탈바꿈했고, 가정용 인터넷 서비스를 독점적으로 공급하면서 수익을 많이 올렸다. 이른바 케이블 커팅 (*cord cutting*), 또는 케이블 셰이빙 (*cord shaving*) 이라 불리는 케이블 텔레비전 서비스에서 시청자들이 떠나는 현상은 전송사업자들에게는 제한적으로 영향을 미쳤다. 왜냐하면 소비자들을 이전보다 더 높은 가격의, 또는 최고가의 인터넷 서비스 요금제를 제공하는 방향으로 몰아갈 수 있었기 때문이다. 그리고 인터넷 서비스에서는 프로그램 비용이 발생하지 않았기 때문에 다채널 영상 프로그램 전송사업자에게 인터넷 전송망 수익률이 영상 부분보다 더 높았다. 그러나 케이블 채널 사업자에게는 인터넷 텔레비전으로 전환하는 시청자들이 심각한 영향을 주었다. 취소 구독자 한 명 한 명이 다채널 영상 프로그램 전송사업자로부터 받는 수수료의 하

---

14 〔옮긴이 주〕 망 중립성 (Net Neutrality) 이란 인터넷서비스 제공자 (Internet Service Provider, ISP) 가 인터넷을 통해 정보를 제공하는 콘텐츠 사업자 (Contents Provider, CP) 의 인터넷 사용을 배제 혹은 차별해서는 안 된다는 개념이다. 예를 들어 인터넷망을 제공하는 인터넷서비스 제공자 KT가 인터넷 망을 이용해 콘텐츠를 제공하는 특정 플랫폼 서비스의 인터넷 이용을 타 플랫폼 사업자와 비교하여 차별적으로 제공해서는 안 된다는 의미이다〔최진응 (2015), "인터넷 규제의 정치경제: 포털 규제를 중심으로", 〈한국정치연구〉〕.

락을 의미했고, 광고주에게 판매할 시청자 집단이 감소한다는 의미였다.

인터넷 텔레비전의 등장으로 텔레비전 사업에 상당한 변화가 올 수도 있었다. 처음에는 그렇게 보였다. 하지만 2017년 현재까지 보면 지상파와 케이블 전송을 지배해 왔던 복합 기업들이 여전히 우월성을 유지하고 있는 것으로 보인다. 특히 중요한 것은 특히 넷플릭스와 아마존 같은 새로운 사업자가 나타난 것이다. 넷플릭스는 인터넷 전송기술이 가지고 올 기회를 알아채고 슬쩍 끼어들었지만, 기존 미디어 기업들은 지상파와 케이블 전송 사업을 서둘러 변화시키려 하지 않았다.[15] 아마존(어떤 의미에서는 넷플릭스도) 자금과 브랜드 인지도, 온라인 소매사업에서 닦은 기반시설을 이용해서 자리를 잡았다. 물론 훌루가 이런 플랫폼과 함께 언급되기는 하지만, 훌루는 단지 NBC와 폭스, ABC 소유주의 공동 사업일 뿐이었고, 또한 2015년에 완전한 구독자 서비스를 출시하기 전까지는 다른 서비스와 달리 광고 기반에 의존하고 있었다.

2015년과 2016년에 플랫폼 사업을 시작한 대부분의 다른 회사들은 자사 플랫폼이 제공하는 콘텐츠를 전부가 아니라 하더라도,

---

15 미국 내 인터넷 텔레비전에서 넷플릭스의 역할을 더 자세히 보기 위해서는 Lotz, *We Now Disrupt This Broadcast* 참조.

대부분을 가지고 있다. 인터넷 전송 플랫폼 시장은 빠르게 자리를 잡아서16 2015년 말에는 거의 백 개의 서비스가 존재했고, 콘텐츠를 풍부하게 소유하지 않고서는 서비스를 시작하는 것이 거의 불가능해졌다. 17 진입 장벽 일부분으로 기존 제작자 플랫폼이 우위에 설 수 있었던 이유는 역으로 신규 진입 플랫폼에는 새 시리즈의 위험성에 균형을 맞추어 줄 기존 라이브러리가 없다는 점이었다. 미에지가 언급한 "히트작과 카탈로그의 변증법" 전략을 미디어 경제학자들은 출판 모델의 주요 전략이라고 설명한다. 18 다시 말하면, 상품을 하나씩 직접 거래하는 음악 제작자나 음반사, 기타 관련 미디어는 생산을 의도적으로 초과시키는 전략을 취한다. 그 이유는 광범위한 상품을 가지게 되면 위험이 분산되어서 수용자 취향 불확실성에 대응할 수 있게 된다. 지금까지 인터넷 전송 플랫폼에서는 많은 신작들이 성공하지 못했지만, 기존의 히트작으로 균형을 맞추면서, 신작과 구매한 라이브러리 콘텐

---

16 〔옮긴이 주〕 기존 제작자 플랫폼이 신규 진입 플랫폼에 우위에 설 수 있었던 이유 중 하나는 후자에게는 새 시리즈의 위험성에 균형을 맞추어 안정을 줄 기존 콘텐츠 라이브러리가 없다는 진입 장벽이 있었기 때문이다.

17 Shalini Ramachandran (2016. 4. 12.), "Niche Sites Like Zombie Go Boom Target Underserved Markets", *Wall Street Journal*, http://www.wsj.com /video/niche-sites-like-zombie-go-boom-target-underserved-markets/ B57A7513-84B8-456A-B3B0-6F934225C6FA. html.

18 Miége, *The Capitalization*, p. 137.

츠를 모두 포함해서 광범위한 콘텐츠를 조성하는 방식으로 사업에 성공했다.

물론 제작사 플랫폼이 발전하면서 미디어 복합 기업에 나쁜 점도 있다. 핀신 규제 폐지 이후, 복합 기업은 제작과 전송을 통합 집중하여 제작의 총비용과 위험을 효과적으로 처리했다. 이 비용을 지상파와 케이블 방송업계에서는 제작사가 30%, 네트워크나 케이블 방송이 제작된 시리즈를 방영하는 대가로 70%를 부담하는 방식으로 분할하는 것이 통례였다. 몇몇은 2000년대 초반 시리즈 제작비가 폭발적으로 증가한 것을 수직 집중 탓이라고 주장하기도 한다. 하지만, 미디어 기업 임원들이 전하는 바에 따르면, 일단 네트워크가 콘텐츠에 지분을 소유할 수 있게 되면서 콘텐츠로부터 나오는 장기적인 수익 가능성이 있기 때문에 제작에 초과투자하는 것이 중요하다고 제작자들이 주장했기 때문이다.[19]

수직 집중이 플랫폼의 주요 전략으로 깊게 자리를 잡았다는 사실을 여러모로 고민할 필요가 있다. 첫째로, 인터넷 텔레비전이 가진 가용성으로 인한 기존 관행의 단절에도 불구하고 이 전략으로 인해 미국 텔레비전 업계의 주요 구성원은 그대로 존치될 가능성이 있다. 일반적으로나 산업적으로 '텔레비전의 종말'(*death of television*) 담론이 회자되었지만, 눈에 띄는 피해를 찾기는 힘들

---

19 Lotz, *The Television*, p. 94.

다. 둘째로, 진열 전략에 대해 알려진 것이 별로 없을 때 수직 집중은 중요한 진열 전략으로 떠올랐다. 틈새 취향의 움직임에 맞추어 관련 라이브러리를 제공하는 것을 제외하면 플랫폼 라이브러리의 특징을 설명할 수 있는 또 다른 요소는 플랫폼이 라이브러리 콘텐츠의 지적재산을 소유하고 있다는 것이다.

플랫폼은 분명히 정보경제(*information economy*)의 일부분으로 속해 있고, 이 정보경제에서 팀 우(Tim Wu)가 "분리 원칙"(*separations principle*)이라고 부르는 것에 대해 이 업계가 공개적으로 저항하는 것을 미디어 역사에서 생각해 보면, 콘텐츠와 전송의 수직 집중이 일반화되고 견고하게 자리를 지키고 있다는 사실은 우려스러운 일이다. 20 팀 우는 정보경제를 다루면서 헌법적인 접근법에서 콘텐츠 제작사와 전송 회사는 분리되어야 한다고 주장한다. 팀 우의 분석에 의하면, 당연히 주요 전송 회사는 인터넷 서비스 전송사업자이다. 컴캐스트를 제외하면 이 회사들은 콘텐츠에 지분을 가지고 있지 않고, 아직 플랫폼 서비스를 출범시키지는 않았다. 21 그런데도 플랫폼이 그들의 지적재산을 수직 집중하

---

20 Tim Wu (2011), *The Master Switch : The Rise and Fall of Information Empires*, p. 304, New York : Knopf.
21 이 책이 출판될 즈음에, AT&T가 타임 워너 인수계획을 발표하였다. 이로서 주요 영상 인터넷 전송사가 상당한 콘텐츠를 소유하게 될 것 같다. 정부가 이 인수를 허가할지는 아직 불분명하다.

고 있는 상황에 대해서 팀 우는 분리 원칙을 여기에도 적용해야 한다고 주장하는데, 상황이 그 정도로 우려할 만한 상황인지 심각하게 고려해 보아야 할 것이다.

마지막으로 수직적 집중이 콘텐츠 제작자에 미치는 영향도 생각해 보아야 한다. 콘텐츠 제작의 본질인 제작에 관련된 기본 경영 관행은 전송기술의 변화에도 불구하고 크게 변하지 않았다. 하지만, 설명한 바와 같이 플랫폼과 같은 중간 매개자의 전략은 선형 전송기술이 주로 사용했던 것과는 차이가 있다. 게다가, 지상파와 케이블 전송에는 제한적으로 사용되었던 구독자 기반 수익흐름이 도입되면서 변화는 더 진전되었다. 기술적인 면에서 인터넷 전송으로 창작자와 시청자의 관계는 훨씬 더 직접적일 수 있게 되었다. 일반인이 제작하여 인터넷을 통해 제공되는 비디오가 보여 주는 확장성에서도 발견할 수 있듯이, 지상파와 케이블 전송에서도 엄청난 권력을 가지고 있던 중간 게이트키퍼는 사라질 수도 있다. 물론, 동시에 최근 10년간 분명해진 것은 시청자와 관심 콘텐츠를 연결하는 데 도움이 되는 중간자는 콘텐츠 제작자와 수용자 모두에게 상당히 중요하다는 점이다.

어떤 면에서는 제작사 플랫폼의 특징으로 나타나는 수직 집중

〔옮긴이 주〕 미국 법무부가 반독점법에 기반, 이 인수를 막으려 했지만, 소송에서 패소, 2018년에 인수합병이 승인되었다.

은 콘텐츠 제작자를 수용자와 더 직접적으로 연결해, 지상파와 케이블 전송 텔레비전에서 일반적으로 제작 자율성에 방해가 되던 관행을 줄일 수 있다. 제작사 플랫폼을 위해 제작하는 것은 제작사업을 몇 가지 면에서 변화시켜서 콘텐츠 창작자에게 더 많은 통제권을 가져다준다. 이런 현상은 편성권을 가지고 있던 케이블 채널들이 중간자 역할을 하지 않게 된 것과 대체로 연관되어 있다. 미국 상업 텔레비전 역사 중 네트워크 시대에는 다수의 복잡한 매매 거래의 중심에 드라마 시리즈가 있었고, 여기에서 경제적인 개념으로 이중 상품 시장(*dual-product market*)[22]이라고 불리는 현상이 발생한다. 제작사는 시리즈를 제작하여 우선 네트워크와 채널에 판매한다(이는 사실 대여하는 것이다). 네트워크와 채널은 흐름 산업의 법칙을 따라 광고주에게 팔 시청자를 모을 프로그램 편성표를 만든다. 시장에서 첫 번째 구매자인 네트워크는 선형 편성표를 기반으로 광고주가 원하는 시청자의 관심을 끌 정도를 추정하여 콘텐츠의 가격을 정한다. 이런 합의된 구조는 놀라울 정도로 이익이 되는 매매로 수십 년 계속되었지만, 비선형 접근과 구독자 지불로 가능해진 전략과 관행에 비교하면 경제적으

---

22 〔옮긴이 주〕 이중 상품 시장이란 미디어 산업에서 두 가지 판매가 동시에 일어나는 현상을 이야기한다. 미디어 회사는 미디어 제품을 시청자에게 판매하는 동시에 시청자를 광고주에게 판매하는 이중 판매를 한다.

로 난잡하고 비효율적이었다.

구독자를 기반으로 하는 제작사 플랫폼에 납품할 오리지널 시리즈를 제작하면 프로그램 제작자는 시청자와 직접 거래를 할 수 있다. 아니면 적어도 더 적은 수의 중간자를 둔다. 이른바 스튜디오 플랫폼의 '효율성'이라고 부른 것의 상당 정도는 선형 텔레비전 전통을 극복하고 단일한 이해관계를 가진 단 하나의 결정자 (a single master with a single interest)를 확고히 하는 데에서 나온다. 핀신 규제의 시대에 제작사는 시리즈 제작사로부터, 그리고 초방 계약을 한 네트워크로부터도 간섭을 받았다. 이 둘의 간섭은 때로 모순적이었고 창작 의도와도 달랐다. 제작사는 신디케이션 시장이나 다른 2차 시장에서 수익을 계속 발생시키기 위하여 제작 시즌을 연장할 수 있는 방향으로 프로그램을 만들려고 하였다. 하지만 네트워크는 프로그램이 편성 시간에 시청자를 더 많이 모을 가능성에 초점을 맞추었다. 때로는 이런 우선사항이 겹쳐지기도 하지만, 또한 차이도 꾸준히 있어 왔다. 반면 제작사 플랫폼을 위해서 제작된 시리즈는 오직 그 플랫폼에서 제공하기 위한 것이다. 방송사가 관심을 가지는 1차 시장과 제작사의 2차 시장 간의 역학 차이로 인해 분열된 이해관계가 여기에서는 나타나지 않는다. 게다가 구독자 기반 모델로 인해 광고주 이해와 상관없이 시청자가 원하는 콘텐츠에 중점을 둘 수 있다.

선형, 편성표 기준 텔레비전 환경에서 텔레비전 시리즈를 만들던 제작사와 제작자가 지속적으로 가졌던 불만 중의 하나는 시리즈의 편성 시간을 결정할 수 없다는 것이었다. 프로그램 내용과는 관계없이 편성 시간이 성패를 좌우할 수도 있었다. 프로그램의 성공은 또한 네트워크가 얼마나 열심히 홍보하는가에 달려 있었고, 이 또한 제작사가 결정할 수 없는 요소였다.[23] 비록 선형 편성이 그렇게 했던 것처럼 다른 콘텐츠를 의도적으로 불리한 위치에 둘 이유는 거의 없겠지만, 제작사 플랫폼은 여전히 특정 콘텐츠의 홍보 방법을 다르게 선택할 수 있다. 1장에서 본 사란도스의 말처럼 플랫폼의 선별성 있는 홍보는 훨씬 전략적일 수 있다. 선형 환경에서 선별 홍보를 선별적으로 하는 것은 한 프로그램을 더 좋은 편성 시간대에 배치하고 다른 프로그램보다 더 많은 홍보 예산을 사용하는 것과 같다. 플랫폼의 경우, 선별성은 구독

---

[23] 핀신 폐지 후 수직 집중이 일어났던 초기 기간 동안에는 수직 집중은 창작과 이야기 다양성을 발전시키는 데 부정적인 것으로 대체로 간주됐다. 사실 핀신 시대에 번창했고 인기 있던 프로그램을 제작했던 독립 제작사들이 사라지기 시작한 것은 분명하다. 제작사 플랫폼의 핵심인 수직 집중은 이와는 조금 다른 성격을 가지고 있다. 우선 경쟁 환경으로 텔레비전 시리즈를 구매하는 데 구매자 서넛만이 있던 수요독점(monopsony) 시대에서 확연히 변화하였다. 둘째로 경쟁 시장이 현재 몇 개의 수직 집중 계열로 구성되어 있다. 이렇게 수직 집중된 미디어 기업들이 새로운 경쟁자를 향해 더 높은 진입 장벽을 세우고 있다고 볼 수 있다는 것 또한 분명한 사실이다. 왜냐하면, 경쟁자는 제작, 전송 시설을 소유할 필요가 있고, 이미 제작된 지적재산도 소유하고 있는 것이 필요하기 때문이다.

자 취향을 파악한 데이터에 기반하여 특정 시청자에게 특정 프로그램을 정확히 공급할 능력이다. 실제로 넷플릭스가 초기 화면과 추천에서 시청자들마다 다른 콘텐츠를 보여 주는 것을 보면 이런 사실은 분명해진다.

선형 네트워크와 채널은 편성표를 만들고 편성표가 가진 본질적인 제한성을 관리하는 경영 행위의 하나로 시리즈를 계속할 것인지 취소할 것인지 결정한다. 플랫폼이 라이브러리를 조성하는 데에는 이런 제약이 없어져서 지상파 방송국과 케이블 채널이 제작자 선호사항과 편성표가 가진 제한점 간의 제로섬 게임을 해결해야만 했던 일은 사라졌다. 플랫폼은 콘텐츠 길이를 일정하게 정하거나 시즌당 편수를 특정하지 않는다.

인터넷 전송으로 가능해진 창작 기회를 극단적으로 보여 주는 예는 미국 코미디언 루이스 C. K. (Louis C. K.)가 직접 자금 조달, 제작하고 시청자에게 배급한 〈호레이스와 피트〉(*Horace and Pete*) 시리즈이다. 시청자는 시청한 편 수나 시즌별로 시청료를 지급하였다. 〈호레이스와 피트〉는 '채널'이나 '제작사' 없이 제작되었다. 한 개인이 이런 방식으로 텔레비전 콘텐츠를 제작하고 전송했다는 것은 비록 이것이 극단적인 경우이기는 하지만 텔레비전의 본질에 엄청난 변화를 몰고 오는 것이다. 물론 루이스 C. K.는 그냥 일반인이 아니며, 기성 제작사들까지 포함해서 소비자에게 직접 콘텐츠를 공급하는 방식은 아직까지 수용되지 않고 있다. 다른 많은 산업적 요소들이 이런 직배급이 일반화되지 못하게 하고 있지만, 현재 시점에서 이런 기술적 가능성이 존재함을 이해하는 것은 중요하다.

미디어 복합 기업을 경영하는 측면에서 보면 제작사 플랫폼은 기업이 가진 지적재산의 소유 가치를 극대화하는 데 일조하였다. 수용자와 직거래가 가능해지면서 보통 소비자가 지불하는 금액의 20~40% 정도를 차지했던 외부 기업 전송업자 비용을 제거할 수 있었기 때문이다. CBS 올 액세스와 같은 제작사 플랫폼을 출범시키면서 CBS는 넷플릭스와 같은 외부 플랫폼에 콘텐츠를 판매해서 얻는 수익과 직접 전송함으로써 얻는 수익을 비교하여 그 차액을 플랫폼 운영비용으로 회수할 수 있을 것이라고 믿었다.[24] 콘텐츠 가치평가를 더 정확히 할 수 있는 광범위한 시청자 행동 데이터를 플랫폼이 소유하고 있는 불균형한 관계에 대해서 제작사들은 불만이었다. 이제는 상당수의 시청자가 인터넷 텔레비전의 규범에 익숙해져서, 텔레비전 업계가 급격하게 변화하는 때에 제작사 플랫폼은 콘텐츠를 소유하고 있는 회사들에게 유연하게 상황을 통제할 수 있는 기회를 제공했다. 게다가, 스튜디오 플랫

---

24 다음 분석 참조. Dan Schechter(2016. 7. 27.), "Why the Streaming TV Boom Is about More than Just Netflix", *The Wrap*, http://www. thewrap. com/streaming-tv-boom-ott-more-than-just-netflix-guest-blog/.

폼 덕분에 기존 지적재산을 소유하고 있던 회사도 상승세를 타던 인터넷 경쟁자들만이 누리던 심층적인 시청행태 데이터를 제공받을 수 있게 되었다.

여전히 가장 불확실한 점은 제작사 플랫폼을 출범시키려는 복합 기업 소유 플랫폼에 기존 채널이 가진 편성기술과 전략, 경험이 얼마나 효과적으로 전수될 것인가 하는 문제이다. 이런 가장 큰 불확실성은 플랫폼을 만들고 운영하는 것과 오랫동안 변화 축적된 채널 전략이 어떤 차이가 있는지 아직은 알지 못하기 때문에 나타난다. 적시성(*timeliness*) 및 즉시성(*immediacy*)과 관련된 전략은 재고되어야 하며 성공을 위한 새로운 계산법의 개발이 필요하다. 다시 말하지만, 지불하는 콘텐츠에 대한 시청자의 기대가 달라서 제작 우선순위에도 상당한 영향을 미칠 것이다.

분명히 말하자면, 제작사나 기타 제작 형태에 종사하던 창작자를 힘들게 하고 실험적인 시도를 제한했던 상업적인 압력들은 텔레비전 산업에서 일정 포맷과 전략이 널리 사용되도록 하였다. 이런 상업적인 이해는 인터넷 텔레비전에서 사라지지 않았다. 이 장 초반에 설명했던 바와 같이 인터넷 텔레비전 등장 이전부터 텔레비전 업계를 변화시킨 전략적 전환이 제작사 플랫폼으로 인해 확장되었다. 제작사 플랫폼이 창작에 미치는 영향에 대해서 증거를 가지고 어떤 주장을 하기에는 아직 이르다. 창작자가 지상파나 케이블을 위해 제작을 하면서 불만을 가졌던 관행들이 줄어들거나 없어질 수는 있겠지만, 플랫폼 또한 창작자를 비슷하게 어렵게 할 새로운 관행들을 만들 것이다. 구독자 지불 플랫폼의 결과가 아직 불확실한 것처럼, 이후 비판적 분석은 제작사 플랫폼의 실질적인 차이를 이해하고 기회 대비 한계를 잘 저울질해야 할 것이다.

선형 텔레비전을 규정짓던 적시성(timeliness)은 다른 많은 미디어의 구조를 결정짓는 요인은 아니었기 때문에 이들 각 미디어만의 경쟁 전략이 텔레비전의 미래를 파악할 통찰점을 제공할 것이다. 책이나 음악, 비디오 게임과 같은 출판업계 논리 안에서 작동하는 타 미디어는 모두 훨씬 심한 비동시성을 보여서 인터넷 텔레비전에서 사용 가능한 전략들을 보여 준다. 물론, 이 산업에서 시의성은 중요하다. 콘텐츠의 최초 공개 순간이 당연히 최고 소비점이 된다. 특히 최초 공개 단계(window)에서 수용자가 소비하도록 추동하는 특성과 산업에서 나온 상품에게는 더 그렇다. 하지만 인터넷을 통해 유통되는 미디어에는 가능성을 제한하는 채널 편성과 같은 것이 없기 때문에, 시간의 문제가 이들 미디어의 법칙에 그렇게 깊이 관여하고 있지는 않다.

구 미디어를 전달하는 **새로운** 전송방식에서 나타나는 **새롭게 등장하는** 논리를 찾아내기 위한 목적을 가진 이 **초기적** 논의를 끝내면서, 텔레비전이 책과 같이 본질적으로 비선형적인 매체의 관례를 따른다면 텔레비전은 어떻게 운영될 것인가 하는 조금 도발적인 질문을 나는 하고자 한다. 다시 말하자면, 이것은 모든 종류의 텔레비전을 아우르는 시도는 아니지만, 이 시도는 대본 기반의 콘텐츠를 둘러싸고 일어나는 경쟁 양상과 산업 논리를 재규명할 중요한 잠재력을 가지고 있다고 볼 수 있다.

결론

텔레비전 바깥을 보기

아이러니하게도 가장 아날로그적인 시대의 서적 출판 산업이, 인터넷 전송 기술로 텔레비전이 새롭게 재상상되는 지금, 우리에게 매력적인 제시점을 주고 있다. 텔레비전 업계에서 나타나는 전략들을 검증하는 것과 동시에, 최근 문화 산업 모델이 변화하면서 예전의 텔레비전과는 아주 동떨어져 보였지만 이제는 공통점을 가지게 된 다른 업계에서 개발된 전략을 살펴보는 것도 도움이 될 것이다. 중요하게도 이런 접근 방식은 플랫폼과 구독자 모델, 수직 집중에서 관심을 이동시켜 시청자들이 텔레비전을 시청하는 방식에 초점을 두게 된다.

몰입에 필요한 시간과 여가 비용이란 측면에서 보면, 텔레비전에서 한 시즌을 시청하는 것은 소설책 한 권을 읽는 데 필요한 시간과 비슷하다. 서적 출판 산업은 현재 텔레비전이 직면한 '무편성'(*unscheduled*) 전송 환경에 익숙하다. 새로 출판되는 모든 책은 다른 새 책들뿐 아니라 기존에 출판된 책들과도 독자의 시간과 관심이라는 목표를 두고 경쟁하기 때문이다. 텔레비전이 선형 편성을 할 때 필요한 시간 제약과 전략 고려 없이 출판사는 책을 기획한다. 소비자의 여가 생활에서 필요한 리듬을 생각하면서 출판사는 이 사업을 발전시켜 왔다. 출판사에게 편성된 시간의 효율·비효율성이나 '직전 방송 프로그램'(*lead-in*)을 적절히 조정할 필요는 없었다.

비평가나 독자가 읽는 것보다 훨씬 많은 양의 책이 매년 출판되고 있어서, 수천 년은 아니겠지만 수십 년 동안 서적은 언제나 '과잉' 상태였다. 2015년에 제기되었던 텔레비전 최고점(*peak TV*)[1]이라든가 '텔레비전 과잉'(*too much TV*)에 대한 염려는 동시에 콘텐츠를 시청하는 선형 전송 규범에서 나온 것이다. 사실 많은 시청자에게는 매주 시청 가능한 여가 시간보다 더 많은 분량의 시청할 만한 텔레비전 프로그램이 있어 왔다. 하지만 그것이 정말로 '과다'인지를 결정하는 것은 사업 모델과 수익흐름이 이런 규모의 제작을 감당할 수 있는가 하는 점이다. 적시성을 요구하

---

1 〔옮긴이 주〕 2010년대에 텔레비전이 최고점에 달한 후에 하락할 것이라는 부정적인 전망이 대두되던 때에 쓰이던 용어.

는 구조를 통해 전송되는 미디어는 그 결과가 즉시 나타나야 하지만 그것으로는 비선형 전송의 성공은 나타날 수가 없다. 네트워크는 금요일 아침이 되면 목요일 밤 편성이 성공적이었는지 알 수 있지만, 구독자 기반 플랫폼에서는 한 시리즈의 성공을 판명하는 데까지 몇 달, 심지어 몇 년이 걸릴 수도 있다.

적시성에 구애받지 않는 미디어 산업이 운영되는 것을 상상하려면, 최신판이나 그 전해 베스트셀러, 오래된 고전 서적을 읽고 있는 승객들로 가득한 여느 열차를 생각해 보면 된다. 포스트네트워크(*post-network*) 시대의 텔레비전 시청은 어느 도시에서나 비슷하게 다양한 모습을 보일 것이다. 서적 출판사는 결과적으로 신간(새 드라마 시리즈)에서 나오는 수익과 기존 작가의 신작(기존 시리즈의 신작), 스테디셀러(소장 드라마 전송권) 수익에 균형을 맞추어 콘텐츠를 창작하고 판매하는 사업 모델을 가지고 있다. 이는 콘텐츠 과잉과 비선형 유통으로 발전한 비동시성 소비에 기인한 것이다.

전혀 그럴 것 같지는 않아 보이지만, 출판 모델의 법칙을 따르는 서적업계는 지금 심각한 변화를 겪고 있는 텔레비전 업계, 특히 대본 기반 텔레비전 콘텐츠 제작업계에 상당히 유용한 통찰력을 제공할 수 있다. 서적 산업이 제공하는 가장 유용한 통찰점은 특정한 관행이 아니라, 대안적 체계(*alternative paradigm*)를 보여 줄 수 있기 때문이다. 심오한 변화가 일어나는 현재 상황에서 텔레비전을 다시 새롭게 생각하는 데 가장 어려운 점은 과거 텔레비전 법칙과 분리해서 현재 텔레비전 산업을 상상할 수 있는가 하는 점이다. 디지털 학자 니콜라스 네그로폰테(Nicholas Negroponte)의 말을 빌리자면, 텔레비전의 미래에는 아마도 우리가 소설책을 생각하는 것처럼 텔레비전 시리즈를 생각할 수도 있다. 2

서적 산업을 보면, 전송 형태의 변화(양장본, 일반본, 전자책)에 따라 경영모델(구독과 순회도서관, 직접 판매)을 적절히 조정하고 특징적인 법칙(대중 시장, 수상작 후보, 세부 주제, 학술서)을 가진 세부 분야를 만들면서 이 매체가 적응해 온 긴 역사를 발견할 수 있다. 이 역사는 텔레비전이 선형 편성에서 벗어난 시대에 필요한 다른 방식으로 텔레비전 업계를 생각하는 데 도움이 된다.

서적 산업은 지난 수십 년간 자체적으로 상당한 혼란을 견뎌 왔지만, 신기하게도 다른 미디어 경제와 비교할 때, 미디어 디지털화와 인터넷 전송에 영향을 덜 받았다. 소매 전문 대형점(*retail superstores*)과 초할인 양장서(*heavily discounted hardbacks*)가 등장하면서 일반본 시장의 가치가 하락하였고 서적 출판 경제는 변화했다. 인수합병이 이 업계를 휩쓸고 지나가면서 몇 안 되는 세계 거대기업만 남았다. 그리고 온라인 소매와 전자책이 업계의 일반적인 법칙들을 한 번 더 흔들어 놓기 전에 이미 전통 소매 전문 거

---

2 Nicholas Negroponte(1995), *Being Digital*, p. 48, New York: Vintage.

대기업의 부침은 배급 형태를 변화시켜 버렸다. 3

　그리고 이런 변화는 그 변화를 스스로 부정할 수도 있다. 인터넷 텔레비전이 가장 성공적일 때는 시청자에게 사용료를 받고 소장 콘텐츠를 이용할 수 있게 할 때이다. 이것을 나는 구독자 모델의 특징이라고 지금까지 주장해 왔는데, 이 모델은 현재 서적업계가 사용하는 모델과는 아주 다르다. 책 가격이 적당하여 독자들이 책을 자유롭게 이용하기 전까지 순회도서관이 발전했던 것처럼, 지금 출판계에 나타나는 현상은 초기 인터넷 전송의 현상일 수 있다. 그러나 출판과 음반 산업 분야에서 공통적으로 보이는 인터넷 전송 전략과 인터넷 텔레비전 전략은 다르다는 점이 중요하다. 예를 들어 잡지와 신문, 출판 산업과 음반 산업은 인터넷 전송의 가용성으로 등장한 관행을 받아들이는 데에는 텔레비전 업계보다 앞섰지만, 이 산업은 상황 변화에 대처하는 전략으로 수직 집중을 아주 최소한으로 사용했다. 물론 다른 미디어 업계의 생산과 소비에는 다른 점들이 있을 수 있고 이것이 전략 차이를 설명할 수도 있다. 아니면 소중한 교훈이 거기에 있을 수도 있다.

　텔레비전 업계에서 일부 분야를 출판 모델처럼 운용할 수 있게 되거나 구독자 모델을 도입할 수 있게 한 인터넷 전송과 그것의 가용성을 가지고 창작이나 사회, 정치적 영향에 대한 특정한 함

3　Thompson, *Merchants of Culture*, p. 22.

의를 찾아내기에는 아직 너무 이르다. 콘텐츠를 비선형적으로 이용하면서 나타난 변화는 앞으로 수년간 지속적으로 진행될 것이고 비판 이론들은 사회에서 텔레비전과 그 운용에 대한 많은 이론을 다시 돌아보거나 폐기할 수도 있다. 좀 더 정확히 말하면, 상당한 재평가가 필요할 것이다. 기존 이론은 흐름 법칙에 지배를 받는 분야에서는 계속 유용하겠지만, 출판과 구독자 모델에 더 가까운 텔레비전 분야에는 새로운 이론이 필요할 것이다. 방송 관련 광고 산업이 새로운 계산방식과 실행방안을 결정하려고 애쓰는 것처럼 인터넷 텔레비전에 대한 비판적 분석 또한 초점을 새로 맞추고 이론을 새롭게 해야 할 것이다. 중요한 것은 인터넷 텔레비전이 이전에 있었던 모든 미디어와 기본적으로 다르지 않다는 사실이다.

사회에서 미디어가 하는 역할을 이해하는 노력의 하나로 인터넷 텔레비전을 평가하기 전에 이제 막 시작된 심오한 변화를 이해하기 위해서는 아주 새로운 방식을 만들어 내는 것이 필요하다. 텔레비전 산업의 법칙은 계속 변화할 것이다. 현재 쓰이고 있는 전략을 발견해 낼 수도 있지만, 이 또한 유동적일 것이다. 곧 새로운 관례가 등장할 것이다. 이 산업이 진화하면서 우리는 계속 관행과 전략을 찾아내고 그 결과를 분석하고, 그 함의에 대해서 이론화할 수 있는 증거를 모으기 시작할 수 있을 것이다. 또한 어떤 방송 패러다임이 유지될 것을 기대하면서 새로운 가능성을 보

지 못하고 있는 대신에, 우리는 지속되고 있는 텔레비전 혁명을
이해하면서, 우리가 다른 미디어 산업에서 습득한 지식을 새로운
텔레비전에 적용하기 시작할 수 있다.

옮긴이 해제

이 책은 아만다 로츠가 텔레비전이라는 미디어를 역사, 문화적으로 오랫동안 연구하면서 나온 결과물 중의 하나이다. 그리고 저자가 서두에 밝히듯이 미국 영상 플랫폼을 그 주 배경으로 하고 있다. 따라서 이 책을 이해하기 위해서는 미국 텔레비전의 최근 변화를 로츠가 연구하고 밝혀낸 방식에 대한 소개가 필요하다.

아만다 로츠(Amanda D. Lotz)는 텔레비전의 변화에 대해서 천착해 온 젊은 미디어 학자이다. 로츠가 텔레비전을 보는 관점은 대개 산업과 콘텐츠, 그리고 역사적 맥락에 집중된다. 로츠의 박사 논문을 기반으로 출판된 *Redesigning Women*: *Television after the Network Era* (2010)[1]가 페미니즘과 텔레비전 산업을 연결시키

---

1   Amanda D. Lotz(2010), *Redesigning Women*: *Television after the Network*

는 노력이었다면, 그 다음으로 출판된 책들, 그중에서도 *The Television Will Be Revolutionized*(2014) [2]와 *We Now Disrupt This Broadcast: How Cable Transformed Television and the Internet Revolutionized It All*(2021) [3] 등은 텔레비전 콘텐츠와 제작산업을 통사적 관점에서 보려는 노력이었다. 이 글에서는 이들 책을 중심으로 로츠를 소개하고자 한다.

처음 로츠를 세상에 알린 책, 《TV 혁명》(*The Television Will Be Revolutionized*, 2014/2012) [4]은 텔레비전의 역사를 네트워크 시대 (1960년대~1980년대), 다채널 시대(1980년대~1990년대), 포스트네트워크 시대(1990년대~)로 나누고, [5] 포스트네트워크 시대

Era. University of Illinois Press.

2 Amanda D. Lotz(2014b), *The Television Will Be Revolutionized*, NYU Press.

3 Amanda D. Lotz & John Landgraf(2018), *We Now Disrupt This Broadcast: How Cable Transformed Television and the Internet Revolutionized It All*, The MIT Press.

4 길경진이 번역한 한국어판 《TV 혁명》(2012)은 뉴욕대 출판부에서 나온 초판본에 기반하고 있으며, 로츠는 2014년에 개정판을 냈다. 저자가 개정판 서문에서 말한 것처럼 초판과 개정판 사이 7년 동안 많은 일이 일어나서 한국어판과 개정판 사이에도 상당한 차이가 있다.

5 한국의 경우에는 네트워크 시대는 1960년대에서 1990년대, 다채널 시대는 1995년 3월 1일 케이블 텔레비전 시작과 함께하지만, 실질적인 의미는 2000년대에 들어서서라고 보면 될 것이다. 포스트네트워크 시대도 2007년 IPTV

에 나타난 주요한 현상들을 기술과 제작, 유통, 경영, 수용자, 콘텐츠 등의 측면에서 다양하게 분석해 나가고 있다. 특히 주목할 만한 것은 기술의 변화(이 책에서 용인성이라고 찾은)가 텔레비전 자체에 가지고 온 변화와 방송 콘텐츠 재판매 시장(*syndication markets*) 중심의 텔레비전 비즈니스가 인터넷을 중심으로 새롭게 구성한 유통·경영 모델을 탐색한다는 점이다.

또 콘텐츠 면에서 대세 콘텐츠(*phenomenal television*) 라는 새로운 개념을 소개한다. 포스트네트워크 시대의 파편화된 수용자를 여전히 네트워크 시대의 공통된 수용자로 묶어 주는 콘텐츠 경향을 로츠는 대세 콘텐츠라고 칭한다. 로츠가 이 책에서 든 예는 오사마 빈 라덴의 9·11 테러 이후 등장한 일군의 테러 관련 콘텐츠들이다. 예를 들면 폭스가 방송하고 키퍼 서덜랜드가 주연을 한 드라마, 〈24〉 등을 포함하여 7개 채널이 적어도 12개의 비슷한 형식의 콘텐츠를 방송하였다고 로츠는 세고 있다. 비록 콘텐츠별로는 분리가 되어 있지만, 같은 주제를 가지고 다양한 제작사가 제작한 이런 콘텐츠는 네트워크 시대의 공론장을 포스트네트워크 시대에서도 일부 실현한다고 로츠는 보았다(2004). 6 그리고

출범과 함께 시작한 VOD 서비스, 판도라 TV 등의 온라인 서비스 등을 중심으로 200년대 중후반으로 보는 것이 타당할 것이다.

6 Amanda D. Lotz (2004), Using 'network' theory in the postnetwork era: Fictional 9/11 US television discourse as a 'cultural forum', *Screen*, 45 (4),

이 책이 중요한 또 다른 이유는 포스트네트워크 시대에 대한 이해를 기반으로 VCR, DVD, TiVO 등을 열거하면서 다가올 VOD 시대의 산업·제작·시청자 변화를 예견했다는 점에 있다. VOD가 가져올 시청자 편의와 기존 방송 체제의 변화를 자세히 열거하면서 텔레비전이 앞으로 진화할 방향을 로츠는 자세히 모색하고 있었다.

두 번째로 봐야 할 책은 로츠가 2018년 출간한 *We Now Disrupt This Broadcast*: *How Cable Transformed Television and the Internet Revolutionized It All*이다. 이 책은 1990년대까지만 하더라도 재방송 채널에 지나지 않던 미국 케이블 텔레비전의 놀랄 만한 부상을 다루고 있다. 한국 케이블 텔레비전이 중계 텔레비전으로 시작했듯이 미국 케이블 텔레비전도 대부분 지상파 중계로 시작해서 1990년대 중반까지는 지상파 콘텐츠의 재방송이 대부분을 차지했다. 하지만 위성방송과 디지털 기술 도입 등으로 케이블 방송을 둘러싼 경쟁은 격화되기 시작했고, 케이블 텔레비전 구독료는 계속 인상하였다. 시청자는 이런 환경에 알맞은 가치 제안을 요구했고, 이에 대한 케이블 텔레비전의 대답이 자체 콘텐츠 제작이었다. 이런 변화를 선도한 것은 HBO의 〈소프라노

423~439.

스〉(*The Sopranos*, 1999) 였지만 HBO는 월정액을 기반으로 하는 구독 서비스여서 별개의 문제였다.

로츠는 책에서 재방 채널의 이미지를 탈피할 목적으로 케이블 텔레비전이 HBO의 모델을 따라 제작한 자체 콘텐츠가 비록 대부분 저예산에 기존 방송 콘텐츠와 닮은꼴이 많은 실패작이었지만, 케이블 오리지널 콘텐츠의 최초 시도라고 보았다. 로츠는 케이블 텔레비전의 이러한 시도들이 2000년대에 들어서면서 USA 채널의 〈쉴드〉(*The Shield*) 나 〈몽크〉(*Monk*), AMC (American Movie Classics) 의 〈매드 맨〉(*Mad Men*), 〈워킹 데드〉(*Walking Dead*) 와 같은 변화점의 시작이라고 보았다.

*We Now Disrupt This Broadcast*는 이런 변화의 씨앗은 시청자 세분화와 함께 VOD 시대로 이어져 넷플릭스 오리지널 콘텐츠 전략과도 이어지고 있음을 잘 보여 준다. 콘텐츠를 중심으로 1990년대 중반부터 일어난 변화의 움직임은 장기적으로 지상파 중심의 방송 환경을 케이블로 전환시키고, 궁극적으로 현재 우리가 경험하고 있는 VOD 혁명의 단초가 되었다고 로츠는 이 책에서 설명한다. 이 책의 마지막 부분에서 로츠는 순회도서관과 VOD 모델을 연결시키는데, 그 자세한 내용은 《다시 읽는 OTT 플랫폼》**7**에서

---

7 Amanda D. Lotz (2017), *Portals : A Treatise on Internet-Distributed Television*, Michigan Publishing Services.

찾아볼 수 있다. 이 책은 그런 면에서 *We Now Disrupt This Broad-cast*의 외전(外典)이며, 로츠도 책의 '서문'에서 언급하였다.

이 밖에도 로츠가 자신의 박사학위 논문을 기반으로 출판한 *Redesigning Women: Television after the Network Era*(2010)는 여성주의 텔레비전 학자 디아치(Julie D'Acci)가 *Defining Women* (1994)[8]에서 분석한 방송 콘텐츠에서 재현되는 여성상을 업데이트하는 시도이면서, 동시에 부제가 보여 주듯이 이어질 책《TV 혁명》을 연결하는 로츠의 학문적 여정을 보여 준다. *Redesigning Women*이 텔레비전 안에서 여성의 모습에 주목했다면, *Cable Guys: Television and Masculinities in the 21st Century*(2014a)[9]는 반대로 2010년대 미국 텔레비전에서 보이는 남성의 모습에 주목했다. 동시대에 방영되었던 많은 드라마를 스토리 중심으로 분석하면서, 복합적인 남성성의 재현과 전반적인 이야기 추세, 남성성에 대한 사회적 인식 등을 보면서도 동시에 산업적인 변화도 빠뜨리지 않는 것은 로츠만의 특징을 분명히 보여 준다고 할 수 있겠다.

이 외에도 최근 VOD와 디지털 문화, 콘텐츠에 집중한 책인

---

[8] Julie D'Acci(1994), *Defining Women: Television and the Case of Cagney & Lacey*, Univ of North Carolina Press.

[9] Amanda D. Lotz(2014a), *Cable Guys: Television and Masculinities in the 21st Century*, NYU Press.

Media Disrupted: Surviving Pirates, Cannibals, and Streaming War (2021) [10]와 *Netflix and Streaming Video: The Business of Subscriber - Funded Video on Demand* (2022) [11]는 최근 일어나는 미디어 변화와 학술적인 연구를 일반 대중이 이해하기 쉽게 설명하면서 업계에도 도움이 될 만한 관점들을 제시해 주는 책이며, 경영과 미디어학, 그리고 대중서의 경계에 서서 편안히 볼 수 있는 책이라는 공통점을 가지고 있다.

로츠의 연구를 키워드로 정리하면 텔레비전, 역사, 드라마 콘텐츠, 젠더, 산업, 변화 등으로 정리할 수 있을 것이다. 즉, 역사적 이해와 콘텐츠 분석, 업계 동향을 자세히 파악하면서 텔레비전의 변화를 이해하고 이를 사회·문화와 연결시키는 것이 로츠의 연구 핵심이라 할 수 있겠다. 이는 로츠가 텔레비전학을 커뮤니케이션 분야의 주요한 연구 분야로 확립한 뉴콤(Newcomb)의 제자라는 사실을 감안하면 놀라운 일은 아니다. 뉴콤 또한 콘텐츠와 업계의 이해를 통해서 텔레비전을 프로듀서의 매체(*Producers' medium*)라고 정의하고 텔레비전 연구를 주요한 학문 영역으로 이해하려 한 학자이기 때문이다.

---

[10] Amanda D. Lotz (2021), *Media Disrupted: Surviving Pirates, Cannibals, and Streaming Wars*. MIT Press.

[11] Amanda D. Lotz (2022), *Netflix and Streaming Video: The Business of Subscriber-Funded Video on Demand* (1st edition), Polity.

《다시 읽는 OTT 플랫폼》이 앞에서 말한 바와 같이 외전인 까닭은 미국 텔레비전이 1990년대 이후 변화를 겪으면서 나타난 현상 중 하나가 VOD 서비스의 등장이지만, 동시에 VOD 서비스가 로츠가 쓴 저서의 핵심 영역은 아니었기 때문이다. 콘텐츠와 사회, 산업, 문화 등의 다양한 영역을 아우르는 로츠의 다른 책에서 VOD을 심각하게 다루는 일은 책의 초점을 흐리기 때문이다. 그래서 VOD와 관련한 현상에 집중하는 다른 저작물로 이 책이 탄생했다.

지금까지 본 것처럼 로츠는 다작하는 학자이다. 지금도 호주에서 VOD와 관련된 주요한 프로젝트 팀에서 활동하고 있으며, 매년 새로운 저작물을 생산하고 있다. 《다시 읽는 OTT 플랫폼》은 그중 일부분이지만, VOD 텔레비전 연구에 주요한 시사점을 주는 책이다. 앞으로도 이런 책이 계속 생산되기를 기대한다.

뉴미디어와 정보사회 개정3판

오택섭(고려대)·강현두(서울대)·최정호(울산대)·안재현(KAIST) 지음

미디어 빅뱅시대 현대인의 미디어 교양서
뉴미디어 이론부터 최신 동향까지 다룬 개정 3판

정보사회를 살아가는 데 필수 지식으로서 매스미디어를 이해하려는 현대인에게 체계적인 이해의 틀을 제공하는 미디어 교양서다. 전문적 이론보다 매스미디어의 최신 사례를 쉽게 이해할 수 있도록 서술하였다. 크라운판·올컬러 | 528면 | 29,500원

설득 커뮤니케이션 개정2판

김영석(연세대) 지음

시대와 학문을 초월한 '설득'연구를 집대성하다

다양한 설득 연구를 모아 설득의 역사, 심리학적 원리 기법을 커뮤니케이션 관점에서 체계적으로 분석했다. 또한 여러 학문에서 다루는 설득 이론 및 방법을 종합적으로 제시했다. 특히 개정2판에서는 시대에 따라 '설득'과 '소통'의 개념을 적극 반영하여 상호소통의 형태를 강조해 다루었다. 신국판 양장본 | 744면 | 38,000원

현대언론사상사

허버트 알철 | 양승목(서울대) 옮김

미국의 지적 전통은 어떻게 언론철학으로 굳어졌나?
300년에 걸친 미국 언론정신의 형성 과정

이 책은 '밀턴'에서 '맥루한'까지 미국 저널리즘의 근간을 이룬 300년간의 서구 사상가와 사상들을 총망라했다. 저자는 눈앞의 현실만을 강조하는 사람들에게 그 현실과 실천의 뿌리를 살펴볼 것을 촉구하며 역사성을 회복하라고 호소한다.

신국판 | 682면 | 35,000원

뉴욕타임스의 디지털 혁명
종이신문에서 초일류 디지털 미디어로

송의달(〈조선일보〉 선임기자) 지음

뉴욕타임스는 어떻게 디지털 전환에 성공했는가?
지능정보사회의 물결 속에 갈수록 매출이 줄어드는 종이 신문 대신 온라인 신문으로 수익기반을 옮기는 디지털 전환은 신문기업에게 더는 피할 수 없는 절박한 과제다. 미국 최고 권위지 〈뉴욕타임스〉의 성공 사례를 통해 해법을 모색한다.

신국판 양장본 | 488면 | 28,000원

방송영상미디어 새로 읽기

강형철(숙명여대) 외 지음

이론과 실천이 융합된 신개념 방송영상미디어 입문서
국내 대표 미디어 전문가 8인이 디지털미디어 시대의 새로운 패러다임을 이용자, 콘텐츠, 산업의 측면에서 조명한 책. 단순한 개론서를 넘어 학계와 현장의 다양한 생각과 경험, 그리고 지적 담론을 총망라했다. 현업인에게는 살아있는 지식을, 일반독자에게는 새 시대의 통찰을 제공할 것이다. 크라운판 | 494면 | 28,000원

지능정보사회의 이해

배영(포스텍)·최항섭(국민대) 외 지음

지능정보사회에서 인간과 사회는 어떻게 변화하는가?
지능정보사회가 도래하며 발생한 삶의 패러다임과 사회 변화를 총체적으로 분석했다. 인공지능, 알고리즘 등 주요 개념을 충실히 소개할 뿐만 아니라 지능정보사회가 가져온 인간 및 권력관계, 경제활동의 변화에 대한 논의를 사회학을 중심으로 다양한 측면에서 담았다. 신국판 | 472면 | 23,000원